JN411632

바다를 품다

김호남 수필집

시 와 사 람

국립중앙도서관 출판시도서목록(CIP)

바다를 품다 : 김호남 수필집 / 지은이: 김호남.
-- 광주 : 시와사람, 2011
p. ; cm

ISBN 978-89-5665-332-7 03810 : ₩10000

한국 현대 수필[韓國現代隨筆]

814.7-KDC5
895.745-DDC21 CIP2011004224

바다를 품다

책을 펴내며

글 쓰는 소질을 타고났다 해서 저절로 높은 지점에까지 이르는 것은 아니다. 먼저 부지런히 절차탁마의 과정이 필요하기 때문이다. 더불어 참된 삶의 가치를 부단히 실천하는 자세가 중요하다.

그렇기 때문에 글을 쓰는 이유는 옳바른 가치를 지키겠다는 실천의 각오이며, 삶을 아름답고 의미있게 살려는 치열한 노력을 남기려는 의지의 소산이다.

무엇을 남기고 갈 것인가? 나는 그동안 죽음에 이른 사람처럼 사유하고 고민해 왔다.

이 책의 내용들은 편협하고 울퉁불퉁하여 아름답고 절제 있는 문장이 되기엔 아직 미흡하다. 그러나 그것이 나의 한계이다 보니 어찌하겠는가.

그 동안 나는 '물시대'의 해양문학에 접근하고 바다를 삶의 터로 발전시킬 수 있는 희망과 미래가 어떻게 전개되는 것이 바람직한가를 고민하면서 생명을 사색하고 표현해 왔다.

나는 '새로운 생명, 새로운 신화는 창조되어야 한다.'는 전제하에 바다와 인간이 하나로 어우러져 우주의 섭리에 접근해서 치열한 삶을 영위하고 위대한 삶을 꿈꿔왔다.

나는 나의 글을 통해 누군가의 가슴 속에 나를 사랑하고 세상을 사랑하고자 했던 것들이 내 생의 흔적으로 남겨지기를 소망한다.

부끄러움을 감추고 이순을 훌쩍 넘긴 나이에 세 번째 에세이집을 엮는다.

그 동안 두 권의 에세이집인『새들은 함부로 집을 짓지 않는다』와『삶의 물레는 돌고 도는데』를 펴내어 과분한 사랑을 받았다. 그러나 마음 속에서는 보다 나은 작품집에 대한 갈망이 불타올랐다. 이번에 펴낸『바다를 품다』는 바다를 향한 나의 열정과 가족과 생명에 관한 나름대로의 관심을 투사시킨 작품들이다. 짧은 시간에 세 권의 수필집을 펴내는 나의 욕심이 보다 많은 사람들에게 유익함으로 다가가길 진심으로 바란다.

이 책을 펴내면서 고마운 분들이 떠오른다. 항상 만나면 좋은 생각 맑은 정신을 일게 해주는 친구 이준곤 교수가 발문을 써 주어서 흐뭇하고, 문학평론가 강경호 시인께서 써주신「'가족'과 '생명'의 의미탐구」라는 장문의 글도 자랑스럽다.

이 책을 통해서 우리 가족과 지인들, 또 나와 함께 이어갈 모든 인연에 감사드리며 이 세상 살아가는 모든 분들에게 소중한 선물로 남겨지기를 바란다.

2011년 홍시가 익어가는 날

근화건설 사무실에서

김호남 모심

발문

땀과 꿈이 버무려진 희망의 노래

이 준 곤
(목포해양대학교 교수)

선창가 바다 내음새

김호남의 글에는 목포 선창가의 바다내음이 배어있다. 이런 가을이면 바다가 짙푸르러지고 파도를 가르며 항구의 연락선들이 갖가지 사연들을 가득 싣고 오가듯이 김호남의 글에도 선창가의 애환이 묻어난다. 고하도 용머리를 돌아들면서 뱃고동이라도 울리면 가슴에 공명되어 찡한 여운이 파도치듯이 김호남의 글에도 이런 울림이 있다.

그가 언제부터 글을 쓰기 시작했을까? 머리를 갸웃거려 보아도 짐작할 수 없지만 어느덧 세 번째의 수필집이 엮어져 나오게 되었으니 그도 어느 덧 한국 문단의 중견 에세이스트가 되었다.

어느 글에선가 그는 이런 말을 했다.

"왜 글을 쓰는가? 바르게 살겠다는 정신의 다짐이고 옳은 것을 지키겠다는 실천의 각오이다."

"좋은 글은 삶의 기쁨과 생기를 불러 일으킨다. 또 나를 안으로 여물게 한다. 이런 날 내가 쓴 글을 읽고 생각해 보는 시간은 값지고 귀하다."

김호남을 키운 것은 8할이 선창의 바다바람이 아니었을까? 그곳의 삶의 치열한 현장에서 몸으로 부딪치고 갖가지 애환을 경험하면서 자신의 중심을 잃지 않기 위해서 그는 글을 썼다. 새벽이 동트면 그를 흔들어 깨우는 아버님의 안쓰러워 하는 목소리와 손길은 그의 의식 깊은 곳에 남아 세상을 살아가는 힘이 되었으며, 그가 쓰는 글의 불변의 주제였으리라. 김호남이 끝까지 갈구하고 지키고 자신을 버티게 하면서 견딜 수 없는 역경에서도 그를 지켜주는 것은 유년기와 청년기에 경험한 부모님의 사랑이라고 생각한다. 김호남의 글에서 보는 강건한 문체와 미려하면서도 끊임없이 솟는 감성의 샘물의 원천은 이런 사랑에서 시작한다. 이런 사랑이 있어서 어쩌면 가장 험한 선창가의 쉽지 않는 유청소년기를 올곧게 자라면서 꿋꿋한 의지를 기를 수 있었을 것이다.

그는 받은 사랑을 수용하기만 하는 것이 아니라 그 사랑을 더 키우고 넓혀서 우리 사회로 환원하려고 노력하는 데서 그의 독자적인 성품을 말할 수 있을 것이다. 그가 벌이는 비즈니스의 방법과 목적도 지향하는 바가 이 방향으로 펼쳐지고 있다고 할 수 있다.

김호남에게서 목포사람의 전형적인 특성들을 발견하곤 한다. 격정적이면서 정의감이 있으며 인생의 양면을 볼 줄 아는 유머가 있다. 그의 글들은 이런 특징들이 가득 차 있다고 할 수 있다. 이제 이순의 나이에 들어가는 그에게 새로운 면이 보태어졌으니 종교적인 성향이 차츰 두렷이 드러나고 있다. 세월을 따라 그도 생사의 문제에 관한 고뇌가 더 깊어가나 보다.

유달산 고개를 넘어서

김호남은 어느 자리에서나 좋은 말이 나오면 바로 메모를 한다. 메모광이라고도 할 수 있다. 그냥 들어버리고 마는 것이 아니라 너무나 아까워서 버리지 못하는 듯이 메모를 하는 그를 보면 참으로 존경스럽다. 배움을 향한 그의 열정이 이런 습관으로 나타나는 것이 아닐까? 그는 만학으로 대학원 박사과정을 수료하였으며 자신의 향학열뿐만 아니라 재주있는 학생이 있으면 서슴없이 도와주고자 손을 내민다. 중국의 한 학생을 양아들로 삼아서 훌륭하게 성장하도록 지원하기도 하고 학교법인 근화학원의 이사장으로서 이 지역 인재육성에도 남다른 열성을 보이고 있다.

인재와 사업을 키우고 성장시키고 육성하고자 하는 의욕과 열성이 그를 사업가로 교육가로 문학인으로 그의 영역을 넓혀가고 있는가 싶다. 농부가 가을 들녘에서 수확의 기쁨을 만끽하면서 들일의 수고로움을 잊어버리고, 어부가 만선의 기쁨에 덩실춤을 추면서 바다일의 고됨을 잊어버리듯이, 그도 역시 자라나는 후세들의 성장을 보면서 마음 가득한 환희를 맛보고 주택건설사업이 지역민들에게 좋은 평가를 받을 때 비즈니스의 어려움을 잊어버리며 수필 한 편을 완성하고서 가슴 속에 쌓인 애환의 감정을 다스리는가 싶다.

목포의 상징인 유달산에 고개길이 있듯이 그에게도 인생의 고개길이 여러 구비구비 이어져 있었다. 지금 60대인 세대들이 보편적으로 겪어왔던 험난한 길이라고도 할 수 있기도 하지만 김호남의 고개길은 누구보다 가파른 길이었다. 그의 글에는 역경을 이겨내려는 몸부림이 가감없이 그려지고 있으나 항상 희망의 긍정적인 비전을 잃지 않고 있다는 것이 특징적이다.

희망을 노래하는 그의 글에서 절망을 오히려 힘의 원천으로 삼는 지혜가 있으며 굳센 용기가 있다. 최근에 막내동생의 죽음을 당하고서 자신의 슬픔을 안으로 삼키고 어머님과 동생의 가족들을 챙기고 위로하고 앞날을 살펴주는 모습에서 성숙하고 경륜있는 집안의 가장으로서 그를 확인할 수 있었으며 사원들에 대한 세심한 배려도 놓지지 않고 있었다.

깊은 슬픔을 그는 오직 자신의 글에서 토로하고 있었다. 그에게 글은 아무에게도 할 수 없는 이야기를 털어놓을 수 있는 4차원의 대화공간이고 자신을 들여다 볼 수 있는 거울이었다. 그가 인생의 고개길을 넘어갈 적에 가파른 길이라면 그를 받쳐주는 지팡이가 또한 글이고, 넓고 평탄하여 시원한 바람이라도 불어오는 아름다운 길이라면 그 즐거움을 남김없이 즐기는 노래가 또한 그의 글이 되기를 기원하여 본다.

영산강 물목을 지나 대양으로

김호남의 글에는 자신과 집안가족들 그리고 주위의 친구 친지들에 관한 일들이 좋은 소재가 되지만 이 지역을 걱정하고 이 지역의 발전을 위한 노력과 대안이 많은 부분을 차지하고 있다.

그는 자신이 지어 거주하는 아파트의 뒷산인 유방산을 자주 오르내리면서 건강과 사색의 산책길로 삼고 있다. 유방산에 올라 함평과 무안의 해안을 바라보면서 생태기업도시를 구상하기도 하고 자신의 건설사업계획을 설계하기도 한다.

그의 관심은 목포에서 무안반도 그리고 서해안지역 전체의 발전구상으로 확대심화하여 호남고속철도문제, 역세권의 개발, 동서국토개발격차, 광주·전남의 상생공동발전, 환황해권 경제개발의 중추물류항만으로서 목포의 미래청사진, 무안반도통합, 목포지역의 인재육성 등 목포지역과 서남권지역의 발전에 대한 미래청사진을 구체적으로 디자인하고 계획하여 기회있을 때마다 신문이나 정기간행지에 투고하고 건의하는 일을 끊임없이 해 오고 있다.

그가 제시하는 대안은 실사구시의 측면에서 실천가능한 계획안이며 대한건설협회 감사, 광주·전남지역 건설협회장으로서 중앙정부 관계고위관료들을 만날 기회가 있으면 이 지역발전을 위해서 서슴없이 자신의 대안을 설파하고 나아가서는 심포지움, 세미나 등을 통해서 자신의 대안에 대한 공감대를 넓혀나간다.

김호남은 글을 소통의 수단으로 삼아 목포지역발전에 대한 자신의 꿈을 실현시키고자 한다. 그의 글은 간결하면서 열정이 있으며 설득력이 있다.

"人不知而不慍 不亦君子乎"

"다른 사람들이 알아주지 않아도 노여워 하지 않으면 또한 군자가 아니겠는가?"

그는 자신의 대안에 대해서 다른 사람이 알아주지 않는다 하여 노여워하지 않는다. 그가 자신의 목포지역발전구상을 이야기하는 모습은 마치 연인에게 사랑을 고백하는 청년처럼 열에 들뜬 모습으로 열정적이다. 동아시아 환황해권의 물류중심항구로 목포가 우뚝 설 날이 올 것이라는 것을 그는 확신한다.

목포가 영산강 물목을 지나 대양으로 뻗어나가는 날을 기대한다.

김호남의 꿈이 이루어지는 날이 오기를 기대한다.

차 례

02 어머니의 지혜

03 바다를 품고 꿈꾸며

04 지역사회를 넘나드는 쓴소리

05 전문가의 진언

1 특별한 사랑

개구리 잡는 동생과 나

경칩이 일주일이나 지났건만 기온이 뚝 떨어져 약한 눈발이 날리는 꽃샘추위다. 그러나 오는 봄을 누가 막을 것인가. 이제 개구리도 튀어 나올 것이다.

개구리를 떠올리면 "개구리 올챙이 시절 모른다"는 경구가 생각난다. 행여나 나도 올챙이 시절 모르고 건방지지 않았나, 겸손하지 못했는지는 않았나를 생각해 본다.

나도 이순(耳順)의 나이이고 보면 꽃망울을 터트리는 나무 가지에서 생명의 소중함을 느끼고 잔디, 풀, 땅 끝자락에서 새순을 돋우고 있는 생명의 몸부림에도 눈길이 가고 마음이 머문다.

疾風知勁草 家貧思良妻라 했는데, 바람이 세차게 불어도 뿌리 깊은 마음을 주는 친구 하나 없는 것 같아 외로움이 더할 때가 있다. 봄날 들풀에 불길을 놓아 불길이 무섭게 번져 나가는 장면을 본 적이 있다. 썰물이 있으면 들물이 있기 마련인데 기다리다 보면 뻥 뚫린 마음을 채워 줄 친구 한 명 없겠는가.

그러나 가장 우선해야 할 일은 자신을 정복하는 일이다.

아버지는 자신을 관리하는데 실패하셨다. 52세의 젊은 나이에 깊은 병환에 쓰러지시고, "호남아 미안하다" 하면서 돌아가셨던 우리 아버지.

요리를 잘 하시고 국을 잘 끓이시는 어머니는 우리에게 개구리가 아버지 몸에 좋다고하여 석현동이나 안장산 근처에서 개구리를 잡아 오라고 하셨다.

당시 석현동 일대에는 큰 방죽이 있었는데 지금의 문태고 뒷산 쪽이었다.

경칩을 전후해서 여름까지 대나무를 꺾어 회초리를 만들고 개구리를 잡는 재미에 시간가는 줄 몰랐다. 그 일대에서 개구리를 주전자에 가득 잡아오니 어머니가 칭찬하시고 아버지가 기운이 펄펄 날 것 같다고 좋아하셨다. 석현동 일대에는 논과 밭 저수지가 많아서 기회가 되는 대로 개구리를 잡으러 다녔고 요령이 생겨 어머니가 점심 먹으라고 준 돈으로 동네 애들을 모아 놓고 흥정을 했다.

"개구리 10마리에 100원 주마." 동네 아이들이 신이 나서 마구 개구리를 잡아왔다.

금세 큰 주전자 두 개가 가득 차서 쉽게 개구리 잡는 작업을 마무리 할 수 있었다.

이렇게 쉬운 일이 어디 있겠는가? 즐거웠다. 목적달성이 쉽게 이루어져 갔다.

점심값으로 동네 꼬마들에게 개구리를 잡게 하는 것, 그때 생각해 낸 계획은 기발하고도 지극히 현실적이고 순발력 있는 발상이었다.

동생과 나는 토마토 밭에서 점심을 해결했다. 주인이 없는 토마토 밭을 개구리 잡는다고 헤집고 다니면서 토마토가 영양에도 좋고 결식에도 좋다고 배가 부르도록 따 먹었다. 이렇게 동생과 함께 점심을 해결하고 통마루로 된 한적한 집에서 쉬고 있노라면 애들이 개구리를 잡아오고 나와 동생은 점심 값을 애들에게 나누어 줬다. 집에 오면 어머니가 우리들의 새카매진 얼굴을 애정 어린 눈으로 쳐다보면서 수고했다고 칭찬하셨다.

어떤 문명이든 서로 만났을 때 충돌은 있기 마련이다. 동네 애들과 개구리 잡는 공생관계에 변화가 생겼다

어찌된 일인지 아이들이 우리를 기피하는 것이다. 진상을 알아보니 개구리 수출업자가 많은 돈으로 애들을 매수한 까닭이다. 일방적으로 물량을 쏟아 붓는 바람에 우리 형제는 동네 애들로부터 외면당했다. 적당히 나눠 먹을 수 있는 협상도 해 볼 수 없었다. 힘의 논리에 의해 일방적인 상황이 되어 버렸다. 평화롭게 공존할 수 있는 터전이 없어진 것이다.

이러다 보니 애들이 개구리 잡기에 온 들판을 누비고 다니는 바람에 개구리는 씨가 말라 갈 정도로 찾기가 힘들어졌다, 뙤약볕 아래 한없이 헤매고 다녀도 개구리 한 마리 잡기가 쉽지 않았다.

찌는듯한 더위와 중천에 있는 해를 맞으며 종일 헤매다 개구리

울음 소리에 안장산 깊은 곳까지 들어갔다.

개구리 울음소리에 잔뜩 고무되어 상기된 내가 회초리로 개구리를 막 내려치는 순간, 입을 떠억 벌리고 독을 내뱉고 있는 뱀을 보았다. 뱀과 개구리가 서로 먹느냐 먹히느냐하는 순간이었다.

뱀이 두꺼비를 잡아먹으면 먹어 치운 자리에 알을 깐다고 한다. 두꺼비를 잡아먹은 뱀은 두꺼비 독에 의하여 죽게 되고 잡아먹힌 두꺼비는 뱀의 몸속에 자신의 알을 낳아서 새로운 생명을 탄생시킨다고 한다. 두꺼비의 독이 뱀을 녹히는 셈이다.

또 닭은 구더기(부패한) 뱀을 잡아먹으면 털이 빠져서 벌거벗은 닭이 되는데 그 닭이 보약이 된다는 옛사람들의 얘기를 들은 적이 있다. 결국 화를 참지 못하면 자신을 망치게 된다는 교훈인 것이다. 아무튼, 기겁을 하고 뛰쳐나온 안장산 숲 속, 얼마나 소스라지게 놀랐던지 질겁하고 뒷걸음 쳐서 도망 나오듯이 허겁지겁 내려온 산길, 기억하기도 싫은 장소였다.

내가 뱀에 놀란 것은 이것이 처음이 아니다. 9살 때였을까. 우리 집 연탄 창고에서 뱀이 나온 것을 보고 기겁을 해서 이층 계단에 올라가 보고 있노라니, 당시 조합경비였던 상용씨란 분이 손으로 쉽게 뱀을 잡아 껍질을 벗겨 먹어 치우던 섬뜩한 장면을 지울 수가 없다.

이런 기억 때문에 뱀을 무서워하게 되었고 지금도 여전히 뱀이 무섭다.

하루 종일 잡은 개구리가 주전자에 두세 마리뿐이었다. 허탈하고 참담한 마음으로 집으로 돌아오는 길에 풀이 죽어있는 나는 동생과 말다툼을 하게 되었다. 화가 난 나는 개구리 잡는 회초리로 동생의 머리를 내리쳤다. 아뿔사! 동생의 머리통이 터져 피가 흘러 내렸다. 나는 피가 번지는 머리를 감싸고 울면서 미안하다고 사과하고 급한 성질을 자성하고 후회했다. 너무 기억에 생생한 지난 날의 끔찍한 추억이다.

개구리를 일본에 수출하는 열풍 때문에 시골 마을은 개구리 잡는 분위기가 되어 타격을 준 에피소드. 시장은 항상 변화 할 수밖에 없고 환경은 바뀌는 법, 어린 시절의 추억이다.

세상이 많이 바뀌었다. 50년이 지난 지금에도 가끔 뱀을 만나고 산개구리를 만난다. 뱀을 보면 여전히 놀라 몸 둘 바를 모르지만 산개구리는 회초리로 내려쳐서 잡을 것 같다. 그러나 흠칫 놀라 피해간다.

사뭇 환경이 달라졌고 아버지 돌아 가신지도 40여년이 흘렀다.

지금은 아버지 병치레로 힘들어 했던 어머님도 몸 가누기가 힘들어 식사를 어렵게 드실 정도이다.

내가 다녔던 문태고 뒤편은 아파트와 고층 건물로 변했다.

아침이면 신선한 생각을 얻고 다부진 체력을 기르고자 매일 오르는 유방산에도 경칩과 우수가 지나 처서가 올 때까지 산개구리가 보일 때가 있다.

일본수출 열기에 개구리의 씨가 말라던 50년 전, 동생과 다투던 왕자회사 돌담길은 없어져 어디에도 흔적이 없다.

꽥꽥 울면서 숨 가쁘게 배를 씰룩거리는 산개구리, 이제 나는 개구리가 살아가기 힘든 환경을 염려한다.

수술받는 딸

'위라는 게 음식을 잘게 조각하여 장으로 보내주는 역할만 합니다. 위는 조금 지나면 커집니다. 위가 없다는 상실감에 너무 힘들어 하지 마십시오.'

딸의 수술을 맡은 형우진 박사는 그렇게 말했다. 수술 후 5일 정도면 회복될 수 있다고 한다. 그렇다 해도 건강을 되찾을 때까지 쉽진 않을 것이다. 행여나 우리 딸이 우울증으로 비참해 하면서 좌절하면 어쩌지? 노심초사한다. 어떡하든 살아있음을 감사하고 생명을 소중하게 생각하라고 빌어본다. 극복하는 의지만이 더욱 완벽한 새 생명을 얻는 것이라고 소망하고 지켜본다.

불안한 마음에 성경을 조심스럽게 펼쳐 보았다. 지혜롭고 충만한 기쁨을 가지고 자연의 품속에서 영원토록 거할 수 있기를, 험난한 골짜기나 거친 파도가 덮치더라도 주님이 지켜주신다는 믿음이 흔들리지 않기를……. 눈이 아려 성경을 덮고 기도를 했다.

환자복을 입고 하얀 시트에 덮혀 실려 가는 딸을 보니 울컥 눈물이 솟구쳤다.

여전히 마음이 불안하다. 예상치 못한 결과가 생기면 어떻게 될까 초조하다. 평온을 유지하기가 힘들다. 두려움은 사랑의 상대가 되지 못한다 했지만 이 경우에는 아닌 것 같다. 일상이 없는 하루하루, 긍정적인 감정은 사랑으로부터 나오며 부정적인 감정은 두려움에서 나올 것이다. 두려움을 초월하기 위해서는 온유한 사랑을 느껴야 한다.

병원을 믿자, 의사를 믿자, 다짐을 했다.

'엄마 아빠! 나 눈물 나오니까 울지마' 라는 말을 남기고 수술실로 딸이 들어간 후 굳게 닫혀지는 수술실 문, 이제 의사만 믿어야 한다. 복받히는 설움과 안타까움을 가누기 힘들다. 가슴이 미여진다. 애를 어떻게 관리했으면 수술까지 시키다니, 내 탓인 것 같다. 되돌릴 수 없는 시간들이다. 아빠의 자격이 없다는 생각이 들었다.

'아빠! 지도자란 실패하고 좌절하기 쉽지만 그럼에도 남을 칭찬하고 격려하는 일을 게을리 하면 안된다고 하용조 목사님께서 말씀했습니다.' 큰딸이 위로한다.

삶에는 폭풍우가 있다. 폭풍우는 항상 지나간다. 밤에게 내주지 않는 낮은 없고 영원히 삶이라는 추위에서 앞뒤를 오가며 좋고 나쁨과 음양을 경험한다.

신앙심이 없는 나는 계속 기도를 한다. 수술이 예정된 시간을 넘기자 더욱 초조해 진다. 목이 타고 주루루 눈물만 흐른다. 엉엉

울었다.

'하느님 정말로 진실로 우리 딸이 더 이상 힘들지 않도록 베풀어 주십시오. 하느님, 우리 가족은 늘 기도하고 살고 있습니다. 은혜에도 충만합니다. 이제 저도 가족과 함께 믿으려 합니다. 우리 가족이 함께 손을 잡고 하느님께 빌고 예수님 이름으로 기도합니다.

우리 딸이 수술하기 전, 며칠 동안 우리는 가족의 소중함을 확인하는 시간이었고 온 가족을 하나로 묶는 계기가 되었습니다.

합심하여 간호하고 아픔을 같이했고 안타까움을 같이 했습니다. 가족과 함께 마음을 합치고 가족이 모여 대화하는 소중한 시간을 보냈습니다. 가족들이 서로 더 많이 사랑하고 배려해야겠다는 귀중한 다짐이 있었습니다. 만에 하나 잘못되면 어쩌지 불안하고 힘든 시간이었습니다.

하느님의 뜻이라면 사랑하는 애들도 내 곁에 영원히 붙들어 둘 수 없다는 사실도 느꼈습니다. 부모는 잘 키워서 보내주는 마음으로 사랑해야 되는 것을 배웠습니다.

진정한 행복은 어떤 사건의 결과가 아니며 환경에 좌우되지 않는다고 했듯이 또 잃어가는 것도 있음을 인식했습니다.'

간절한 마음으로 기도하면서 모니터를 바라보니 모니터 글씨가 눈물에 가려 희미해진다. '김유신', '경과', '수술시간'을 나타내는 표시글이 심장을 요동치게 한다.

길고 긴 시간이 지나갔다. '김유신 회복 중', 모니터 글씨를 확인한 우리 가족은 환호했다.'살았구나' 희망이 일렁인다.

로봇수술의 위력은 대단했다. 회복속도가 무척 빨랐다.

수술을 마친 딸아이는 18층 입원실에 환자복을 입고 잠들어 있다. 큰 수술을 받았는데도 잠든 딸은 얼굴이 창백하지 않고 오히려 청순하다. '회복이 되면 건강프로그램을 만들거야!' 다짐하면서 나는 들떠서 이야기를 했다. 시집이나 갈 수 있을까 염려된다고 했다. '건강을 찾아 줄거야' 다짐했다.

"감수성이 너무 풍부해요. 애들입니다. 당신 잣대로 애들을 보시면 안 됩니다." 아내는 아이들 일에 내가 끼어들 때마다 충고를 했다.

초조했다. CAS가 나와야 하는데 긴장된 시간이 흘러간다.

딸 머리맡의 성경책을 뒤적거렸다. 시편 23편에 딸 유신이가 밑줄 친 구절이 선명이 보인다. 읽고 또 묵상했다.

'여호와는 나의 선한 목자시니 내가 부족함이 없으리로다./ 그가 나를 푸른 초장에 누이시며 쉴만한 물가로 인도하시는 도다./ 내 영혼을 소생시키시고 자기 이름을 위하여 의의 길로 인도하시는 도다./ 내가 사망의 음침한 골짜기로 다닐지라도 해를 두려워하지 않을 것은 주께서 나와 함께 하심이라'

유신이가 좋아하는 시편을 반복해서 읽었다.

나에게 가정은 애정촌이요, 동력이고 회사는 에너지인 것을 나는 다시금 되새겼다. 어려울 때마다 순리와 정도를 따르는 게 길이려니 새기면서 살았다. 어려움이 있어도 좌절하거나 실패로 받아들이지 않고 다음 일을 준비하곤 했었다. 비천한 인생은 살지 않겠다. 깨끗하고 향기로운 삶을 살 것이고 또 내일을 맞이하기 위해 오늘의 성실을 다짐하곤 했다.

그러나 요즘 나는 하루하루를 겨우 산다. 자식을 잘 키우고 책임 있는 삶을 살기 위해 목표가 흐트러질까 두려움에 떨다가 봉합하기에 바쁜 시간들이었다. 그러나 나를 돌아보게 하는 것도 소중하다는 것을 절감하고 있다. 감동이 있는 삶은 아름답고 사람들이 오래도록 기억해 주는 인생이 고귀하다고 했는데, 아픔을 물리치고 우리 딸이 건강을 회복하는 것이 가장 절박한 소망이다. 우리가 한 가족이 되었음에 감사하고 그 소박하고 소중한 가족애가 다져졌음을 확인했다.

이순의 나이가 되니 세월의 속도가 빨라짐을 느낀다. 올 봄에는 화사한 꽃들이 눈부시게 피었으면 좋겠다. 목련꽃 빛 좋은 담장길이나 찔레꽃 붉게 피는 들판 길, 철쭉이 만개한 지적산 능선을 우리 딸과 걸을 수 있기를 진심으로 소망한다.

충격

유신아!

너는 자비롭고 온후해서 아빠에게 늘 기쁨을 주곤했다. 그래서 아름답고 풍부한 인생을 살아갈 것으로 기대하고 믿는다.

의사 선생님에게 "나 죽지는 않나요?"하고 묻는 딸의 목소리가 귓전에 맴돈다.

아직은 꽃다운 25살, 부모에게 보호받고 자랄 나이에 충격적인 수술이라니 믿기지가 않는다.

"99% 완치 될 수 있습니다. 그러나 서둘러야 합니다."

의사 선생님의 충고가 곱지 않게 느껴졌다. 마치 오진이라도 한 것처럼 그가 미웠다. 아니, 사실을 그대로 받아들인다 해도 그건 의사로서 사명에 충실치 못한 것이었다. 악이라도 쓰고 싶었다. 널 보내고 나한테만 이야기해도 될 일을 구태여 네게까지 알릴 필요가 있었나 해서이다.

우선 네 엄마와 네 언니에게 먼저 알려야 했다. 담대하고 침착한 너의 행동 앞에 대조적으로 안절부절 했던 아빠다. 아빠는 절규했다. '이렇게 많은 시련과 아픔과 충격을 제게 경험하게 해서 무엇에 쓰시렵니까?'

눈물이 솟구쳤다. 북풍을 뒤로하고 바다를 보고 살아왔던 수협 중매인이 쇠락의 길을 걸을 때쯤 너는 태어났다. 그 혼미한 시절에 친구 말만 믿고 경험 없는 일에 손을 대고 인정에 끌려 다니며 진행된 사업이 주는 대가는 혹독했다. 7여년를 암울하고 참담하게 허우적대며 너를 키웠으니 좋은 환경에서 키우지 못한 아쉬움과 한스러움이 마음을 가눌 수 없게 한다. 그 시간은 분명 바람이 만든 모래언덕 같은 25시의 시간이었다.

어떻게 해야 하는가. 삶이란 고난이 끝없이 밀려오는 파도와 같은 것인가. 네가 잘 못 될지도 모른다는 불안한 예감이 또 파도처럼 어지럽게 덮쳐왔다.

간밤에는 불안한 생각으로 온통 잠을 이룰 수가 없었다. 용서란 과거를 인정하고 보내주는 의미라는데. 마치 내가 마음이 너그럽지 못해 시련이 연거푸 들이닥치는가 더 초조했단다.

얼마 전, 네 언니가 말하더구나.

"아빠! 유신이에게 하나님이 특별한 사랑을 주셔서 더욱 건강하게 살도록 하기 위한 과정이라고 생각하셔요."

병술년이 가고 정해년이 며칠 남지 않았다. 너는 입원 수속을 위해 서울로 떠났다. 반드시 건강한 체력으로 견뎌내고 건강한 정신력으로 극복해야 한다. 허전한 거실 탁자에 네 카드가 놓여 있었다.

사랑하는 아빠~♡

둘째 딸 유신이예요^^

아빠에게 참 힘든 12월 달이었죠?

아마 그랬을 것 같네요.

저에겐 감사의 달이었고 회복의 달이었고 새로운 도약의 달이 된 것 같아요.

제가 많이 아파서 가족들이 힘들었던 건 사실이지만 이번 일을 계기로 우리 가정에도 아빠 마음에도 새로운 변화가 많이 생겼잖아요.

하나님께서 저를 얼마나 사랑하시는지 정말 많이 느꼈구요.

아빠 사랑 또한 정말 크다는 것 알게 됐어요.

유신이는 이제 건강해지는 일만 남았으니 아빠도 저에 대한 걱정은 하나님께 맡기시고 편히 하루하루 보내세요.

그리고 2007년에는 꼭 아빠가 침례 받으셨으면 좋겠어요~♡

사랑하구요! 우리 가정에 정말 복된 일만 가득한 2007년 되리라 믿어요.

그럼 이만 줄일게요

- 유신 -

아빠는 너의 카드를 눈물 속에서 읽었다.

우리 선하디 선한 착한 딸에게 너무 가혹한 시련을 주시는 것 같은 생각이 들었기 때문이다.

나를 구속하고 억압하는 모든 행위들을 부정하고 벗어나고 싶다.

마음의 평온을 얻고자 한다.

그러나 진정한 자유는 가장 두려운 일들을 담대하게 행할 때 성취할 수 있는 것이다. 모든 것이 숙명이다.

특별한 사랑

유신아! 청매처럼 맑고 고귀한 마음을 가진 우리 딸이 힘든 수술을 잘 이겨 낼 수 있을까 걱정이다. 항상 정결하고 조용해서 옆에 있어도 없는 듯했다. 해맑고 고운 행동은 애잔하도록 사랑스러웠다. 수술을 앞두고 보니 잘 못했던 지난일이 후회가 되어 밀려온다. 왜 딸의 건강을 때때로 점검하지 못했을까 하는 자괴감이 든다.

유신아! 아빠는 너의 빛바랜 사진을 늘 회사 책상 앞에 두고 보고 있다. 표정이 편안하고 맑아서, 마음속에 거울을 하나 갖고 더 비쳐보고 있는 듯한 액자 속의 너를 바라보곤 했다.그런데 네가 큰 수술을 받아야 한다니, 또한 네가 받을 충격과 상실감을 생각하면 마음이 저리다. 이런 너를 생각하면 나의 울컥 하는 감정을 조율하기가 힘들구나.

식당에서 너와 마주 앉았다. 너는 가냘프고 힘없는 손에 수저를 들고 비빔밥을 이리 뒤집고 저리 뒤집으면서 비벼대고 있었다. 그런 너를 바라보다가 아빤 너를 와락 껴안고 울어 버렸었다. 부모는 자식 입에 수저 들어가는 것만 보아도 흐뭇하단다. 그렇기에 자식에게 뜨거운 밥을 먹이기 위해 부모는 식은 밥도 마다하지 않는 법이다. 그런데 아빠가 감정을 주체하지 못하고 울어버리다니 어른스럽지 못한 행동에 부끄러움이 밀려온다. 아빤 그때 너를 더욱 사랑하고 건강하고 행복한 생활을 마음껏 누리도록 하겠다고 몇 번이나 다짐을 했다.

너는 이런 상황에서도 절제된 자세와 차분한 행동으로 나를 놀라게 한다. 너의 침착한 태도에 오히려 아빠가 위로를 받으며 신의 존재를 만나고 있는 것 같다. 아니 이 순간에도 우리는 신의 역사 속에서 움직여지는 것이다. 그 신의 손길이 느껴지는 것이다.

그러면서도 맨 뜨락에도 민들레가 피고 새싹이 돋듯이 네가 다시 건강해지고 성숙해질 것이라는 바람과 희망을 갖는다. 이 봄에 초록빛 신록이 너를 감싸고 초록물이 올라 새로운 삶으로 거듭날 것이라고 믿어 본다.

하나님은 풍성함도 주지만, 때로는 외로운 기러기처럼 떠나보내는 시련도 주신다. 푸른 초장에 눕게 하시며 잔잔한 물가로 인도하시니, 시편을 기억하고 읊조린다.

하느님이 특별이 너를 사랑하여 이런 시련을 주신 것일 거라는 확신이 들었다. 유신아! 수술을 통해서 잃는 것만은 아니다. 너는 새로운 것을 얻을 것이다. 그러니 현실을 묵묵히 받아들이고 담대하게 생각하자.

생명이란, 소중한 것이고 지킬 가치가 있다. 그것을 느낄 때 너는 성숙되어 있는 자신을 발견할 것이다. 가치 있는 삶을 살기 위해서 스스로에게 친절하고 너그러워지거라. 오늘의 고통을 성장의 동력으로 활용하거라.

누구나 일생에 한 번은 경험할 상실을 네가 먼저 경험하는 것이라고 생각하거라. 삶이란 어떤 의미로는 상실의 연속이란다. 무엇을 얻든지간에 반드시 상실은 그림자처럼 따라다니는 것이다. 이번 경험을 토대로 건강을 다시 설계하고 미래를 가늠해 보는 지혜를 터득하길 바란다. 네가 꿈꾸는 이상을 실현하는 기회로 발전시켜나가면 좋겠다.

너에게 닥친 고통과 시련을 아주 특별한 목적으로 만들려는 하느님의 계획으로 여긴다면 한층 성숙하고 성장해 있는 너를 발견할 것으로 믿는다. 외형적인 것보다 내면의 세계를 채우는 경험을 할 것이다. 건강의 실패로 인한 고통과 상실의 경험, 그것이 일생동안 너의 약이 될 것이다. 수술이 무사히 끝나고 건강이 회복되는 날 세상이 더욱 아름답게 보일 것이다.

사람은 상실감에 빠졌을 때, 사랑이 가장 소중하다는 것을 알게 된다. 사랑이 있으면 삶이 소중하고 죽음도 두렵지 않게 된다. 사랑은 네 자신을 가치 있는 일에 헌신하게 하고 의미 있는 일에 쓰이도록 해준다. 혹시 네가 아프기 전에 하찮게 여기던 것들이 소중하게 다가온 것을 경험했을 것이다. 또 하루하루가 매 순간순간이 삶에서 얼마나 소중한 것인가를 알았을 것이다.

잃는 것이 있으면 반드시 얻는 것이 있다.

"힘내라. 우리 딸!"

막내 생일에

연둣빛 가지 사이 푸른 잎이 보실 거리고 줄기마다 속살 같은 여린 잎이 초록 숲을 만들어 가는 산길, 아름답고 경이로운 숲을 맞이하면 가슴이 벅차오른다.

벚꽃이 터지는 날 태어난 막내 유림이에게 메일로 축하했다.

'우리 귀여운 막내가 오늘같이 햇살 좋은 날, 생일을 맞은 것 축하한다. 보드라운 연두색 푸른 숲이 따사로운 계절에 태어난 우리 막내가 아빠에게는 아름다운 생명이고 희망이다. 기쁠 때나 슬플 때나 곁에만 있어도 한없이 좋았구나.

CPA 시험에 떨어지고도 대범하게 쉽게 실패의 경험을 날려버리고 곧바로 평상으로 돌아와 좋은 컨디션을 유지하는 너의 모습이 매우 믿음직하다. 시간을 쪼개어 목포에 내려온다는 전화 매우 기쁘다. 골프 부킹을 해두었다. 우리 막내가 골프채를 휘두른 채 떠가는 볼을 바라보는 포즈, 그때 바람에 날리는 스커트! 골프로 함께 같이 보낼 시간이 매우 기다려진다. 생일선물로 무엇을 해줄까 물어봤을 때 책상과 장식장을 마련하고 싶다는 어른스럽고 실속 있는 판단에 아빠는 흐뭇하기 그지없다.

우리 복둥이 예쁜 딸 생일에 큰 언니가 미역국도 끓여주고 케익파티도 해주어서 외롭지 않았을 것으로 생각한다.

요즘 아빠는 언니 몸 만들기에 집중하고 있다. 또한 아빠도 같이 운동하면서 독려하고 있다. 어떠한 일이 있어도 언니가 시댁에 미안하고 죄송하게 살지 말라 강조한다. 연약하고 삐쩍 마른 몸으로 시집가서는 안되니 의지를 갖고 노력하자고 다짐한다.

네가 목포에 내려올 때 쯤이면 언니의 몸에 어느 정도 활력과 역동적인 탄력이 생길 것으로 믿는다. 너도 알뜰하고 건전한 비전을 세우면서 계획된 생활에 충실하기 바란다.

아빠는 언제나 바깥에서 안으로 여물게 하는 성향이 있다. 의문은 지성을 낳지만 믿음은 영성을 낳는다고 한다. 큰 언니처럼 신앙에 너무 푹 빠져서 골수가 되지않는다면 믿음도 좋은 약이 될 것이다.

각성은 그 자체로도 빛나는 달성이라더라, 밤이 깊으면 별은 더욱 빛나는 법 아니냐. 물과 바다와 땅속까지 비치는 태양의 축복까지도 가족이 있어 행복하다.

보고 싶은 막내딸에게 메일을 보낼 수 있는 것도 행복으로 생각한다. 유림이 생일 축하하고, 하느님의 축복과 은혜가 충만하기를 기도한다.'

딸, 시집 보내기

잎이 먼저 나오고 꽃이 피는 철쭉, 꽃피워 화사한 봄이더니 어느새 푸르름이 더해가는 녹음 짙은 6월이다.

신묘년 10월 29일, 오후 5시에 유신이 혼사일자를 받고 보니 생각이 많아진다. 여리고 안쓰럽기 그지없는 둘째 딸이다.

항상 건강 때문에 불안하고 안타까운 속내를 감추고 살았다. 과연 시집이나 갈 수 있을까 걱정이었다. 심기 또한 편하지 못했다.

그러던 둘째가 무척 바빠졌다. 보건복지부 위탁지역 아동센터 중앙지원단를 그만 두고 미국 버지니아에 있는 사윗감과 스마트폰으로 꿈결같은 대화를 다정하게 나누는 모습을 지켜본다.

침팬지도 자식을 잃으면 식음을 전폐하고 힘 빠진 모습으로 초라해하고 코끼리는 어머니 뼈를 굴리고 다니면서 신선한 물과 풀을 찾아 이동한다는데, 물 설고 낯 설은 타국에서 연약한 몸으로 가정을 꾸려간다는 사실을 상상하면 믿어지지가 않는다.

"유신아! 근배는 몸이 탄탄하고 건강하다. 네가 그런 몸으로 시집가서 살면 아무리 좋아하는 사이라지만 아빠는 너의 시댁에 죄송스럽고 근배에게 미안할 것이니 몸 만들기에 들어가자."

유신이와 매일 유방산을 오르기 시작했다. 밤이면 달빛광장에서 함께 뛰고 달렸다. 지성이면 감천이지, 조금씩 유신이의 몸에 탄력의 조짐이 보였다. 아름답고 건강한 몸을 가짐으로써 사랑하는 사람에게 더욱 사랑받고 활력 있는 신혼생활을 한다는 목표를 갖고 노력하자고 독려했다.

"유신아! 운동도 부지런해야 한다. 힘들다고 포기해버리면 트레이닝이 되지 못한다. 강한 집념과 동력이 필요할 것이다. 그러다보면 정신도 무장되고 매일 노력하는 습관으로 자신감이 몸에 배어서 어느 순간 몰라지게 달라진 몸을 느끼게 된다. 때론 잠이 오고 피곤해 지쳐 드러눕고 싶지만 벌떡 일어나는 정신과 의지가 필요하다. 아빠는 그런 경험을 50년 넘게 반복해서 해왔기 때문에 남보다 젊게 보이고 건전한 사고방식 가치 있는 생각을 만들어 낼 수 있는 정신을 운동에서 키우고 기운을 얻고 있다. 힘들지만 해내자! 100일! 100일이면 된다."

곤히 잠들어 새우 등처럼 구부리고 힘없이 처진 유신이를 물끄러미 바라보다가 그만 방에서 나온다. "유신아! 산에 가자" 불러보지만 반응이 없다. 기척이 없으면 또 들어가 깨운다.

그러기를 몇 번씩 해야 일어난다. 그냥 놔두자고 망서릴 때도 많았지만 유신이 몸 만들기를 포기 할 수는 없다.

"유신아! 일어나 산에 가자" 힘찬 목소리로 깨운다.

"알았어. 아빠" 하고 유신이가 일어날 때면 그렇게 기쁠 수가 없었다.

오늘은 오후에 비가 온다는 예보 탓인지 바람이 세차게 분다. 여린 잎들이 북쪽을 향해서 일제히 오무라져 떨고 있다. 여린 가지마다 숲을 만들고 연록의 잎새들은 햇살에 눈부시게 시렵다. 생명이 약동하는 계절에는 가슴 깊은 데에서 솟는 환희가 있다.

생명의 경이로움이 대지 곳곳에서 움이 트고 새싹이 돋아난다. 잔디가 파래지고 연두색 빛이 숲속에 잔치를 벌이는 등산길을 딸과 함께 걷는다. 문득 돌아가신 아버지 생각이 떠올라 눈시울이 붉어진다.

기억에 지울 수 없는 옛날 일이다. 봉창에 달빛이 어리면 나는 잠들곤 했다. 그리고 창문에 해 기운 비치면 일어나야 했다. 어스름한 새벽, 곤히 잠든 자식을 몇 분이라도 더 자게 하려고 깨우지 못하고 몸만 흔들어보고 그냥 지켜보다가 "호남아!" 나지막하게 내 이름을 불러보는 아버지, 침을 질질 흘리고 혼곤하게 자는 자식이 몹시 안타까워서 차마 잠을 못 깨우는 아버지의 마음을 나는 내 딸을 통해서 느낄 수 있었다.

이런 나의 심정을 들은 유신이가 고개를 끄덕인다. 이해할 것 같다는 표정이다.

시집가서 몸이 망가져 병치레 하면 아빠가 얼마나 사돈에게 죄송스럽고 부끄럽겠느냐! 아빠는 다른 사람에게 미안하게 살지 않는 것이 신조임을 잘 알지 않느냐고 다독거렸다. 아빠는 매사에 부지런히 행동하고 깊은 생각으로 합리적인 사고를 이끌어 낸다고 설명했다.

유신아, 너도 할 수 있어. 매일 반복하고 습관처럼 실천하면 근력도 생기고 근성도 길러질 것이다.

그리고 또 수영도 하자. 수영은 폐활량도 키워주고 허벅지 근육도 발달시켜주며 양 어깨 딱 벌어지면서 가슴도 튀어나오게 하는 효과가 있다.

지난 일이지만 내가 전남 수영연맹 회장을 결심할 당시, 송재구 전남부지사가 "김회장, 애들이 엄마 양수에서 골격이 만들어지니까 어린이 체력은 수영장에서 길러야 건강한 체력을 유지할 수 있습니다." 나는 이 말을 항상 기억한다.

나는 수영을 통해서 얻는 것이 너무 많다. 수영은 소화력은 물론 스트레스도 날려버릴 수 있고 충분한 숙면을 유지하기 위해서는 좋은 운동이니 내 딸이 버지니아에 살게 되면 꼭 수영장 근처에 신혼을 꾸려 수영으로 체력을 길러보는 것도 좋겠다고 생각한다. 100일 동안 몸 만들기 최종단계가 수영을 하는 것이다.

'지혜가 있는 사람은 부유해도 어질지만 지혜가 없는 사람은 부유해도 어질지 못한다' 는 말도 결혼을 앞둔 딸에게 들려줬다.

29일, 런던의 웨스트 민스터 사원에서 21세기 최대 웨딩 드라마가 영국황실특유의 절도와 품위 속에서 진행됐다. 내가 좋아하는 파이프 오르간 연주, 웨일즈의 상징곡인 '주여 나를 인도 하소서, 당신은 위대한 구세주'가 합창됐다라는 신문 기사를 보았다.

우아한 사진과 함께 신부의 드레스는 전통과 현대의 조화로 1820년대 아일랜드에서 시작된 수공예 작업방식으로, 치마허리를 좁게 하고 엉덩이 부분을 부풀려 마치 꽃봉오리가 열리듯 퍼지는 모양으로 만들어졌다고 한다. 맛은 몸소 체험을 해야 하지만 멋은 바라보기만 해도 된다. 우리 딸에게도 이런 모양의 드레스가 어울릴 것 같다는 생각을 해보았다.

딸 가진 부모의 마음이 아닐까.

레스토랑 2941에서

우리가 꾸는 꿈의 궁극은 유한한 생명 현상에 영겁의 세월이 밀려드는 것을 경험하는 것일지 모른다. 순간에서 영원으로의 비약! 그것은 곧 신의 현현이고 신성의 경험이며 개체적 존재가 전체성을 자각하는 기적일 것이다. 그것은 전부를 바쳐야 얻는 것, 연어가 죽을 힘을 다해 모천으로 회귀하는 것은 다름 아닌 죽기 위해서다. 또한 알을 까서 수많은 생명으로 다시 살기 위해서다. 용기가 없다면 꿈도 없다.

아내와 딸을 동행하고 버지니아로 출발하는 날, 하늘은 맑고 바람은 싱그러웠다. 희고 고운 빛살에 가지마다 푸른 잎이 보실거리고 저 여린 잎들이 곧 초록빛 아름다운 숲을 만들어 내리라는 예감에 저릿한 통증마저 일었다. 생명의 잔치, 가슴이 벅차오르고 경이로운 계절이다.

둘째 딸 유신이가 신혼에 살 집을 마련하고 시부모 되실 분들과 상견례를 하기 위해 7박8일 일정으로 떠나는 것이다. 사위가 될 근배는 미국시민권을 갖고 있고 버지니아 공대를 졸업했다. 지금은 계약직 직장에 나가고 있지만 더 보람있고 미래 가치가 있는 일을 하겠다고 북 버지니아커뮤니티칼리지(Notrhem Virginia Community College)에 다니고 있다.

버지니아 지형은 해안에서 내륙으로 향한 피드먼트 지대다. 블루릿지산맥과 앨러게니산맥 사이의 계곡으로 포토맥강, 제임스강 등의 후미가 발달한 전형적인 침강해안이다. 워싱턴 남쪽 24km 지점에 버지니아 마운틴 버넌은 사적명승지로 워싱턴 초대 대통령과 제퍼슨 윌슨까지 8인의 대통령을 배출한 유명한 고장이기도 하다. 내 모바일 컬러링이 존 덴버의 〈Take Me Home Country Toads〉인데 노랫말 때문에 웨스트버지니아는 우리에게 꽤나 친숙하다. 전에 광주·전남 주택협회 임원들과 알라스카 크루즈 여행할 때 선상 쇼룸에서 나는 이 노래를 불렀고, 상공회의소 위원들과 필리핀 연수 때도 어느 공연장에서 나는 이 노래를 불렀다. 나는 버지니아의 시골길을 달리면서 또 이 노래를 불렀고 딸 아이의 결혼에 대해서 생각했다.

결혼이란 광산이다. 금맥이나 다이아몬드가 숨겨진 광산이라고도 한다. 젊은 남녀가 할 수 있는 가장 미친 짓은 사랑이라고 했다. 예민하고 초자아적이고 강렬하면서도 맑은 정신의 기이한 발화가 사랑인가 하면 일시적으로 정신을 가장 혼미하게 만드는 것 또한 사랑이다. 혼자서는 할 수 없고 반드시 타자와의 관계 속에서만 성립되는 이 사랑이란 불가사의한 현상은 신이 인간에게 내린 가장 찬란한 축복임에 틀림없다. 사랑하여 결혼했노라! 마치 결혼은 사랑의 결실처럼 일컬어진다. 성공적인 결혼은 함께 가정을 꾸려나가고 함께 아이들을 키우면서, 양파를 한 껍질씩 벗기듯 서로의 영혼도 겉옷을 벗어야만 할 것이다. 그간 곰곰이 생각해 온 격려의 말을 딸아이에게 할 때가 되었다.

"유신아! 어떤 책에서, 나무가 나무에게 우리 더불어, 함께 숲이 되어 지키자! 그러더구나. 아빤 이 한 구절이 너와 근배 사이에 퍽 어울린다고 생각했다. 그리고 너와 근배의 미래를 상상해 봤다."

딸아이는 방긋 웃었다. 하지만 딸아이의 가녀린 팔 다리, 야윈 몸매를 보면 안쓰럽기도 하고 마음이 착잡할 때가 많다. 그래서 튼튼이 건강하려면 의지를 갖고 노력해야 한다고 강조해 왔다. 얼마 전에는 구체적으로 100일 목표를 세우고 아침에는 유방산, 저녁에는 웰빙공원으로 함께 걷기도 했다. 같이 운동하면서 대화도 많이 나눴다.

운동도 의지가 있어야 한다. 포기하고 싶은 유혹을 뿌리쳐야 하고 힘들다고 불규칙해지면 트레이닝이 되지 못한다. 강한 집념과 동력이 필요하다. 그렇게 습관이 몸에 배면 우선 체력이 몰라보게 달라질 것이고 무장될 것이다. 유신아! 넌 해낼 수 있다. 근배에게 자신있고 활력 넘치는 몸매를 자랑해야 한다. 너의 시댁에도 미안스럽고 죄송한 생각이 들면 되겠느냐! 아빠 부끄럽지 않게 해 줘라! 운동하자. 깨우고 독려하길 20여 일 남짓하고 미국에 가게 된 것이다.

양가가 마주한 자리에서 나는 차분하게 말했다.

"우리 딸이 몸이 약하기는 하나 좋은 점이 많습니다. 선택하는 것을 보고 깜짝 놀랄 때가 많고요, 한 번 결정하면 추진력도 좋습니다. 매우 부지런하거든요. 부모를 염려하는 것도 세 딸 중에서 으뜸입니다. 남을 배려하는 마음을 보면 착하디 착해서 제가 감동할 때가 많습니다."

나는 팔불출이래도 좋았다. 거침없이 딸 자랑을 했다. 제 아비가 이룬 기득권이나 프리미엄이나 여건을 다 포기하고 근배를 좋아해서 미국에서 살겠다고 용기는 내는 것을 보면 대단하지 않은가. 처음엔 반대했지만 내가 말릴 수 없었다고도 했다. 순간 조용해졌다. 내 목소리는 약간 떨렸고 눈시울이 뜨겁더니 눈물이 새어나왔다.

"세 딸 중에 제일 여린 자식이 머나 먼 이국땅 말도 잘 통하지 않고 행동도 제약을 받는 곳에 살겠다고 하는군요. 어떡하겠습니까. 딸을 밀어주어야지요, 그래서 인사드리러 왔습니다. 잘 부탁합니다. 너그러이 보살펴 주십시오."

겨우 말을 끝마쳤다. 딸아이가 용기가 없었다면 꿈도 꾸지 못할 일이 벌어지고 있는 것이다. 이 도전이 혹독한 시험대가 되지 않길 간절히 기도했다. 이 상견례를 통해 근배 부모님이 우리 딸을 소중히 여기고 사랑해 주시리라는 믿음은 깊어졌다.

다음 날 신새벽, 벨이 울렸다. 어머니가 시차를 잘못 알고 전화한 것이다. 어머니와 아내가 통화할 때 내게 바꾸어 달라고 했다.

"어머니! 여기는 새벽이에요."

"오냐! 유신이는 잘 있냐?"

"예, 잘 있습니다."

"아야, 느그 딸 어떻게 미국에 떼어놓고 올래?"

순간 속이 아려왔다.

"괜찮습니다. 염려마세요!"

눈을 감고 잠을 청했지만 마음이 떨려 잠을 이룰 수가 없었다. 내가 자식을 걱정하고 염려하듯 어머니의 마음도 그러한 모양이다.

나는 어릴 때 소라껍데기를 귀에 대고 듣기를 좋아했다. 그러면 윙윙 바다 소리가 멀리가 들려오는 것 같았다. 바다는 언제나 소라 껍데기 속에 있듯이 어머니의 나를 향한 사랑과 나의 자식 사랑은 저 바다와 같으리라.

결혼식장에서 딸을 인계하고 나오는 아버지는 흔히 눈물을 보인다던데 유신이 시집가는 날, 내가 울 것이냐, 안 울 것이냐가 우리 가족들의 관심사이다.

예비사위가 안내한 레스토랑 2941은 워싱턴의 아름다운 숲속, 폭포와 분수가 잘 어우러진 곳이었다. 실내 분위기도 그럴듯하고 직원들의 서비스도 품격이 있었다. 우리 가족은 '치어스'하고 잔을 부딪쳤다. 파이팅, 우리 딸 부디 행복해라. 레스토랑 2941에서의 이 저녁식사를 기억하겠다. 모든 것이 완전하고 조화로운 이 순간이 바로 불멸의 세계가 아니겠는가.

칼 융도 그랬다.

"나의 삶에 있어서 언급할 만한 가치가 있는 유일한 것은 결국 이 찰나적인 나의 생명 현상에 불멸의 세계가 밀려들어오는 순간뿐이다."

생명

생명은 다 아름답다. 생명에서 경이로움이 느껴진다.

동생을 참담하게 보내고 회사에 출근하는 마음, 돌아보니 꿈결같이 느껴진다.

상실감으로 감당하기 힘든 나날 탓인지 서편 잔뜩 몰려오는 먹구름이 을씨년스럽다.

8월 7일, 그날은 태풍이 올라오고 있다는 예보 탓인지 비바람이 거세지면서 창문이 덜컹거리고 가로수 나뭇잎이 거친 바람에 떨어질듯 매달려 있는 일요일 점심시간이었다.

이윤석 국회의원과 약속된 점심 장소로 도착해 막차에서 내릴려는데 전화가 걸려온다. 셋째 동생이다. “영섭이가 무안병원에서도 응급조치가 안 돼 광주로 옮겨야 합니다. 전대병원은 뇌를 전문으로 하는 의사가 없답니다.” 그래서 조선대병원으로 올라간다는 긴박하고도 절박한 목소리다. 순간 앞이 캄캄하고 온몸이 떨려왔다. 내가 아는 의사도 없는데 동생에게 호소하듯 말했다.

다리가 휘청거렸다. 무슨 일이야!! 물놀이 사고입니다. 알았다. 먼저 올라가라. 둘째 동생에게 연락했다. 모처럼 호형호제하는 의원과의 약속이라 동생의 변고를 알릴 수도 취소할 수도 없는 터였다. 침착하게 점심을 마치고 빗줄기가 점점 거세지는 조선대 병원으로 향하는 길은 비바람치는 도로였다. 어떻게 해야 돼. 만약 의식을 잃을 수도 있고 뇌사가 된다면 큰 일이다. 온갖 생각이 머릿속에서 스쳐가며 불안이 증폭된다. 그러면서도 나는 제발 살아주기를 바라는 마음 뿐이었다.

그동안 동생에게 욕하고 나무라면서 손찌검까지 했던 내 행동이 한없는 후회로 밀려왔다. 목숨만 부지한다면 정말 잘 해줘야지, 제발 살아만 다오. 수없이 되뇌어었다.

조선대병원에 도착해보니 어떤 손도 쓸 수 없는 뇌사상태로 수술이 불가능하다고 하는 절망적인 판정이 내려져 있었다. 가족들이 각오를 하고 집 가까운 병원에서 죽음을 맞이할 수밖에 없는 상황이었다.

서둘러서 동생을 목포기독병원으로 옮겨왔다. 중환자실로 옮겨진 동생은 산소호흡기와 몇 가지 주사와 응급조치들이 내려졌다. 제수씨와 황급히 달려 온 우리 3남 2녀는 오열과 눈물 속에 첫날을 보냈다.

어떻게 이런 일이, 받아들일 수 없는 꿈같은 일이 동생에게 일어난 것이다.

뇌압을 떨쳐서 희미하게 뇌신경이 기적적으로 살아나길 바라는 상황이었다.

눈앞이 캄캄했다. 계속 눈물만 쏟아진다. 영섭아! 하고 불러보지만 동생의 뇌는 이미 죽어있다.

체온은 따뜻하고 손과 발은 평상시와 같다. 만져보고 쓰다듬어 보지만 반응이 없다.

지금에서야 동생 손이 굵직하고 듬직하게 느껴졌다. 지시하고 알아볼 것을 당부하면서 알았냐! 강조하면 꼬박꼬박 메모했던 그 손이다. 연필을 쥐어주면 금방 써내려 갈 것 같은데……. 어디 있어? 어디야? 하면 금방 뛰어올 큼직하지만 예쁜 발이다. 발을 쓰다듬어 보지만 반응이 없다.

이대로 죽게 할 수는 없다, 설움과 회환으로 가슴이 답답해지고 뜨거워진다.

눈을 감아 보지만 잠을 이룰 수가 없다.

눈물이 볼을 타고 줄줄 흐른다. 이렇게 빨리 갈 줄 알았으면 그 윽한 눈길도 보내고 욕도 안 하고 잘 해줄 것을, 잠을 이룰 수 없다.

지리하고 견디기 어려운 밤, 안절부절 못하다가 꾸벅 잠이 들었다. 동생이 보였다. 꼭 감은 눈에 피눈물이 배어있다. 얼싸 안았다. 묵중한 동생의 몸을 처음 안아보았다. 양팔을 겨드랑이에 끼고 뛸 듯이 기뻐 "살았구나!" 했다. 동생의 무거운 입에서 "할 일은 하지요." 한다.

그래 그래 등을 토닥거리며 살았다고 기뻐했다.

너무 또렷한 꿈이어서 뒤숭숭했다. 부랴부랴 옷을 챙겨 입고 병원으로 향했다. 중환자실의 분위기는 아무런 변화도 없었다.

잘 해주려고 밑그림을 그려봤는데 이렇게 되다니, 기를 펴주기 위해 상공의원도 시키려 했는데 이렇게 되다니, 자식을 떠나보내는 아픔도 이럴 수는 없을 것 같았다.

안타까움과 미어지는 공허함……. 욕지거리에 손찌검이라도 안 했더라면, 회한과 후회가 범벅되어 주체할 길 없다.

부가세 신고금액이 탈루된 걸로 오인한 검찰이 장부를 압수하고 밤샘 조사할 때도 두려움에 떨거나 가볍게 처신하지 않았던 동생이다.

파죽음이 된 상태에서 어떻게 진술했느냐? 물으면 할 말만 했습니다. 짤막하게 대답했던 추운 겨울, 몸도 마음도 오그라드는 야심한 밤이었다.

연일 대책회의 때문에 회사에다 긴급회의를 소집해 놓고 서둘러 출근하는데 김광수 차가 안 보이자 여기저기 살피다 반쯤 내려진 샷다 문에 코를 받쳐서 피가 줄줄 흐를 때 영섭아! 영섭아, 3층까지 목이 터져라 불렀고, 놀라 뛰어내려온 동생이 제 옷에 피가 번져서 피바다를 이룰 때도 나를 사무실까지 붙들고 갔던 선명한 기억이 아련하다.

아버지 기일 때였을 것 같다. 어머니가 나를 기쁜 표정으로 쳐다보더니 "아야 느그 동생 좀 봐라. 얼마나 믿음직하냐." 하시는 것이다. 어머니의 말씀에 나는 "예!"했다. 그때 생각이 머릿속에 떠올랐다.

동생들과 함께 어머니 집에 모인 날이면 아들들의 대화를 빼놓지 않고 듣고 계시다 한 마디 훈수하시며 내가 먹는 모양이며 먹을거리를 특별히 만들어 놓고 기다리신 어머니를 어떻게 위로하고 안심시켜 드려야 할지 기가 막힐 노릇이다.

한탄과 비탄이 나를 옥죄고 한없는 설움은 강물 되어 가슴을 쓸어내린다.

동생은 베아채 스위트 성공 신화의 중심인물이었다. 전 직원들과 자축하기 위해 마련된 회식자리에서 '살아있는 동안 근화건설과 영원히 함께 하겠습니다.'라고 했던 낭랑한 목소리가 귓전에 울린다.

동생이 대표로 있는 밀레니엄 아파트 세 채가 경매에 넘어가면서 신용불량자가 되었을 때 "네 것도 못 지키냐! 어떻게 그렇게 바보 같으냐" 내게 질책을 당했던 동생…….

해가 바뀌고 회사가 잘 된다고 느꼈는지 신용불량자를 해지하겠다고 어렵게 말을 꺼낸 동생더러 "열심히 해라!" 하며 돈을 주기로 약속하기도 했다.

몸을 가누지 못하고 거동이 불편해도 눈치가 빠르고 총명한 어머니시다. 살아계신 부모님에게 이런 불효가 어디 있겠는가. 충격으로 쓰러지고 돌아가신다면 설상가상 불안감이 몸둘 바를 모르겠다.

동생이 목포로 내려온다는 소식을 들었던지 "이제 못 볼 것 같구나!" 했다는 어머니 말에 가슴이 미어져 내렸다. 동생을 잘 돌보지 못한 죄책감과 상실감으로 왜 거센 태풍과 비바람은 몰아치는가! 하늘을 빤히 볼 수 없다.

내가 부덕해서, 내가 설립한 회사에서 매형이 돌아가시고 동생까지 하늘나라에 갔다. 이 무슨 기구한 운명인가. 내가 무엇을 이루려고 내 형제들이 제 명에 못 사는가! 죄의식으로 몸을 가눌 수가 없다. 무슨 위로가 내 비참하고 복받치는 설움을 붙들 것인가!

아! 기구한 운명이여, 나를 붙들어 매어 놓아라.

뇌 사

인간의 영혼은 1온스라고 한다. 라면발 한 가닥 정도의 무게라는 과학자들의 풀이가 나왔다. 산술적으로 근거해서 영혼의 실체를 분석했을 때의 가정이다. 1온스 정도 영혼이 운명처럼 순식간에 쓰러지다니 믿기지도 받아들일 수도 없다. 동생이 쓰러진 뒤 한 가닥 희망은 뇌압을 낮추어서 희미하게 살아있는 뇌신경을 복원시키는 기적을 바랄 수밖에 없다. 희망은 오직 그것 뿐이었다.

동생아, 제발 살아만 다오! 어떤 의료수단을 동원하고 재산을 바쳐서라도 살려낼 수만 있다면 그렇게 하고 싶다.

동생은 나와는 띠 동갑이니 12살 차이이다. 우직하고 덩치가 황소만 해 '네가 진짜 한우 같은 황소로구나!' 생각하며 그윽한 마음으로 얼굴을 바라본 적도 있다.

청렴하고 순둥이 동생이라 기대에 못 미쳐 욕하고 무시하고 손찌검까지 한 것이 가슴 속 깊이 아려온다.

내가 힘을 잃고 능력이 떨어질 때 조카들에게 힘도 되고 든든한

버팀목이 될 것을 기대했는데, 듣지도 눈을 뜨지도 의식도 없이 큰 덩치가 시트에 누워서 뇌사상태라니 하늘도 무심하다.

내가 지시하면 깨알 같은 솜씨로 메모하는 손끝을 만져본다. '김전무'하고 부르면 토요일, 일요일 없이 달려왔던 그 발을 만져본다. 동생에 대한 애틋한 마음이 이제야 사무치게 솟구친다.

51년 동안 염색 한 번 안 했어도 흰머리가 없는 머리를 쓰다듬고 어루만져 보았지만 굳어있다. '영섭아!' 하고 불러보다가 눈물만 흘렸다.

회사가 이렇게 성장하기까지 동생의 땀이 배어 있는 22년의 세월, 이제 아픈 추억이 될 수밖에 없다. 식어가는 동생의 몸, 기능을 잃고 썩어가는 오장을 어떻게 해…….

하늘이 무심하고 운명이 저주스럽다.

동생에게 입버릇처럼 "나는 할 일이 많아 죽을래야 죽을 수도 없다"고 넋두리 했었다. 그런데 "네가 먼저 죽다니……. 어떻게 너에게 보상하느냐! 또 어떻게 네 영혼을 달래느냐, 내말 들리느냐 대답 좀 해라. 영섭아!" 몸서리치는 슬픔을 절규했다.

덩치가 있어 옷 품새가 좋아 좋은 옷 걸치고 나오면 다정한 눈길을 보내곤 했던 동생에게 튀어나오는 꾸지람을 접기도 했다.

동생은 평소엔 말이 없다가도 말을 꺼내면 논리가 정연했다. 건설 전문용어를 너무 많이 알아 흐뭇하기도 했다.

동생은 인허가 민원을 잘 처리하고 공무원과의 유대가 뛰어나 전무직까지 올랐다. 그런데 이런 꼴로 형 앞에 있다니, 업무의 공백이며 동생이 없는 빈 자리를 어떻게 감당할지 앞이 캄캄하기도 했다.

동생은 능소화 붉은 빛 같았다. 나무나 벽을 짚고 길을 내는 능소화꽃, 홀로서지 못하는 능소화꽃을 닮은 내 동생, 시키고 지시하면 '예' 하고 거절 못하는 성격으로 좋은 품성을 지녔다.

오늘은 월요일이다. 눈물로 회의를 하고 동생의 빈 자리를 보니 눈물이 앞을 가려 설움이 복받친다. 심장이 뛰고 있는 한 살아있다고 믿고 기다려보기로 했다.

다소 마음이 진정되었지만 나도 지쳐 더는 못살 것 같다. 모든 것을 다 내려놓고 끝내고 싶었다.

눈앞이 캄캄할 때도 '하면 된다.' 라는 편액을 사무실에 걸어놓고 희망을 놓지 않았다. 그러나 지금은 너무 힘들고 지쳐서 해도 안 될 것 같은 어두운 생각이 나를 옥죈다.

막내 아들 한 번 보고 싶다고 병원에 온 어머니를 붙들고 동생 잘못 돌봐서 "죄송합니다." 하고 울어버렸다.

여자는 약하다고 하나 우리 어머니는 강한 분이시다. 의지를 갖고 제발 이 고비를 넘겨주십시오. 어머니가 건강하셔야 됩니다. 마음 속으로 어머니가 강건하시기를 빌었다.

우리 4남 2녀, 자식들이 사고 치고 부끄럽게 산 적이 없습니다. 남에게 피해주는 것을 부끄럽게 생각하며 살아온 자식들입니다. 다들 건강합니다. 막내, 그냥 잊어버리고 보내줍시다. 어머니에게 하소연하듯 말씀드렸다.

한숨만 나온다. 어떻게 이런 시련이, 도대체 어떻게 살아야 하는가.

동생은 큰 형인 내가 얼마나 어려웠으면 사장님, 회장님하면서 형님 소리 한번 부르지 못했다. 다 내 탓이다.

85년, JC회장 할 때 회원이 교통사고로 두 명이나 죽어 회장 잘못 뽑았다고 수군거렸지만 JC장으로 고인들과 유가족을 위로하고 회원간의 단합의 계기를 만들어 전남 지구 축구대회 역사상 가장 성공적인 대회로 기록하게 했다.

뿐만 아니라 세계와의 우정을 실천하기 위해 일본 별부 JC와 자매결연을 맺고 기념사업을 선택하고 양국 소년 · 소녀 자매 행사를 성공적으로 치루었다. 감히 누가 흉내 낼 수 없는 역사를 쌓고 업적을 이루었지만 창업 이래 두 명이나 인척을 잃은 내가 시련과 슬픔을 극복하고 성공적으로 회사를 만들어 갈 수 있을까 두렵기도 하고 복받치는 설움에 육신을 가눌 수 없다.

영섭아! 어떻게 안타까워서 너를 보내냐! 새벽 같은 이른 시각에 눈물이 가득 고인 채로 아침을 맞는다.

미국에 다녀와서 들었다면서 창회 친구가 “어야! 친구, 어떻게든 잘 극복 해내야 하네” 하는 격려와 위로에도 눈물만 쏟아냈다.

월요일 회의 때 김광수 대표에게 업무공백을 최소화해서 동생을 빨리 잊고 싶다고 부탁했다. 업무공백이야 시간이 가면 메꿔질 것이다. 그러나 동생의 빈 자리를 바라보면 허전한 마음에 구머이 뻥 뚫린 듯 했다.

"동휘야! 큰 아빠가 엄마 잘 모시도록 배려할 것이니 군대 제대하면 열심히 공부해서 토목기사 꼭 합격해라. 큰 아빠도 군대 있을 때 아버지를 잃었지만 슬픔을 뒤로하고 현실을 잘 극복해서 지금의 위치에 있지 않느냐" 했더니 "예! 잘 알았습니다." 한다.

동생의 신체가 매우 건강해서 장기를 기증하여 다른 사람에게 생명을 나눠주면 인정 많은 동생의 뜻에 맞을 것 같아 생각해봤는데 동의를 구하기가 쉽지 않았다.

실낱 같은 희망으로 15일간을 지켜보자는 삼남이의 제안에 동의했다. 그렇지만 싸늘히 굳어가는 동생의 체온을 매일 어떻게 확인할 수 있겠는가. 너무 괴롭고 힘들다.

딸 유신이가 작은 아빠의 말을 전했다.

"유신아, 너는 큰 언니와 막내 사이에서 힘들었을 것이다. 그래도 작은 아빠는 유신이가 제일 좋더라!"고 했다는 말에 또 울컥해진다.

모델을 철거하는 날 유신이가 미국 집에 장식할 소품을 고르고 싶다고 갔을 때 '유신이는 제일 비싼 것만 고른다' 하고 활짝 웃는 동생의 모습이 마지막 일 줄이야 어떻게 이 현실을 받아들일 수 있겠는가. 영섭아! 제발 살아주라. 그래서 이 형이 너에게 베풀지 못하고 함부로 했던 그 성격과 버릇을 감싸주라. 그래야 마음이 편해질 것 같구나.

근화건설을 경영하면서 매형을 먼저 보내고 동생까지 잃고 나니 비참한 마음에 회사를 경영하는 보람이 무엇인지 회의가 마음을 찢는다.

피를 나눈 내 친 동기라서 동생에게 편하게 대하려고 욕을 하고 손찌검을 했었는데 지금에 와서야 동생한테 정말 미안하다. 동생을 떠나보내는 형의 마음을 이해해주고 용서하기를 바랐다.

그래서 다짐했다. 영섭아! 미안하다. 너의 가족을 잘 돌보마! 그래서 너의 영혼이 편안하고 미소짓게 하겠다. 지난 밤처럼 다시 살아왔던 선명한 꿈이라도 다시 한 번 꾸고 싶다. 누구에게 원망도 불평도 해보지 못한 선한 동생의 성격에 머리 숙여 진심으로 미안하다. 동생의 마음을 아프게 했던 미안했던 일들이 나를 아프게 한다.

영섭이가 산소에 벌초까지 해놓고 사고의 변을 당했습니다.

동생이 쓰러진 후, 동생이 산소의 벌초를 했다는 것을 중남이가 일러준다. 그러나 추석 전에 선산을 정비하고 나무를 심어서 선산 일을 마무리 하자는 나의 제안과 지시가 있어 그렇게 했을 것이다. 그래도 형의 말을 말없이 실천하고 쓰러졌기에 더욱 마음이 아려온다.

염천하의 더운 여름에 전기가 끊기고 밀폐된 공간에서 작업을 했던 협력업체 관계자를 위로하기 위해 함께 물놀이 한 것이 원인이다.

뇌사상태의 일주일 너무 잔인하고 긴 시간이었다. 싸늘히 식어가는 생명 앞에 온 가족이 오열하고 흐느꼈던 지난 여름이 내 일생일대의 가장 참담하고 아픈 시간이었다.

동생을 떠나보내고

낮게 드리워진 잿빛하늘 아래 백일홍과 무궁화가 하늘거리는 날, 눈물 속에서 동생의 유골함을 앞 세우고 '에덴 추모원'으로 향하는 도로는 쓸쓸하고 삭막했습니다.

'대양동 저수지에서 물에 빠진 저를 구해주신 고마운 분입니다. 감사했어요. 천국으로 가시길 바랄게요. - 김지성 드림 -'

부의록에 이렇게 적혀있었습니다.

복받치는 설움에 흐느낌으로 보낸 일주일이었습니다. 동생에게 "영섭아" 하고 부르면 "예 김전무입니다."하고 천진한 눈빛, 해맑은 얼굴로 달려 올 것만 같습니다.

동생은 남악신도시에 베아채 스위트 성공신화를 만들어 냈던 중심인물이었습니다. 지천명(知天命)의 나이에 할 일이 태산 같고 한창 평소 갈고 닦아온 경륜을 펼치고 기량을 발휘 할 때이거늘 이리도 허무하게 떠나가 버렸습니다.

주위 사람들에게 베풀고 도와주길 좋아해 22년의 회사 생활에 아무 재산도 없는 청렴하고 인정 많은 동생이었습니다. 그래서인지 서울에서 광주에서 머나먼 미국에서까지 눈시울을 붉히고 달려와 주었습니다.

22년 동안 저와 함께 해온 창업 주역이라서 그동안 소식도 모르고 안부도 못 살폈던 전직 근화 직원들이 눈물 속에 애도해주었습니다. "살아있는 동안 영원히 근화건설과 함께 하겠습니다." 건배를 제의하던 그의 목소리가 귓전에서 흐느낌으로 들려올 것만 같습니다.

아무리 인명은 재천이요, 역려(逆旅)의 과객(過客)이라지만 8월의 일주일은 너무 잔인해서 받아들일 수 없는 나날이었습니다. 평소 매사에 서두르지 않고 차분하면서도 든든했던 동생을 무엇이 그리 급하여 이리도 훌쩍 데려가 버렸는지 신에게 따지고 싶었습니다. 거부하고 싶은 운명을 참아내며 비통하고 안타까운 마음을 담아 추도했습니다.

우리 세 딸들이 작은 아버지 영전에 "내 영혼이 은총 입어/ 중한 죄 짐 벗고 보니/ 슬픔 많은 이 세상도/ 천국으로 화하도다."하고 흐느낌과 오열 속에 불렀던 특송이 가슴을 저미게 합니다.

사랑하는 가족의 따뜻한 품에서 오순도순 오붓한 삶을 한창 누릴 때이거늘 이렇게 가버리다니……. 그러나 어찌하겠습니까? 동생의 선행과 아름다운 마음씨만 유품으로 간직하고 하늘나라에서 편히 쉬게 할 수밖에 없는 노릇입니다.

"여보 사랑해, 동휘 아빠 하루만 자고 일어나" 하면서 사랑하는 남편을 잃은 슬픔에 몸을 가누지 못하던 제수씨와 어린 조카들을 보살피며 평안하게 살도록 하겠습니다.

동생이 뇌사 상태로 있는 동안 태풍이 불어 먹구름이 몰려오고 비바람도 치면서 우리 가족들의 마음을 더욱 슬프게 하였지만 장례기간 동안 서늘하고 차분한 날씨 속에 문상객을 맞이할 수 있었던 것도 동생의 심성에 감동한 하늘의 뜻이라 여겨집니다.

그 동안 친형제처럼 애절하게 소생을 바라던 우리 근화건설 직원들이 예절을 갖추어 한 마음으로 비통함을 담아 고인을 떠나보내면서 안타까워하며 한결 같이 단합된 모습을 보여주어 주위의 잔잔한 미담으로 회자되고 있는 것 또한 보람으로 여기며 든든함을 감출 수 없습니다.

그리고 어떠한 역경과 고난 속에서도 위로받고 위로할 수 있는 좋은 인연에 늘 감사하며 소중히 간직하여 잊지 않을 것입니다.

저는 이번 동생의 사고를 통해 우리가 자연의 지배자가 아니라 그저 일부라는 엄연한 사실을 겸허한 마음으로 받아드리기로 했습니다.

동생을 외로이 추모원에 두고 회사에 출근하는 이 마음, 돌아보니 지난 세월이 꿈결같이 느껴집니다. 하늘을 쳐다보니 서편에 먹구름만 잔뜩 몰려옵니다.

동생이 하늘나라에서 고이 잠들고 편안하기를 빌고 있습니다. 격정 때문에 내 속을 뚫고 올라오는 내면의 진실을 표현하기에는 끔직합니다. 어떤 문체나 문장으로 표현할 수도 없습니다.

입 관

어머니의 지시로 정갈한 수의를 고르고 입관하는 모습을 지켜본다.

염습사에게 "망자의 버선을 내가 직접 신겨도 좋습니까?" 물었다. 영섭아! 부르면 정신없이 뛰어왔던 그 차디찬 발에 형이 버선을 신겨 주고 있으니 비통한 마음이 가슴을 찢는다.

부디 하늘나라에서 편안해라. 무명천으로 감싸기 전에 머리를 한번 더 쓰다듬어 본다. 부드러운 머릿결에서 촉촉한 물기가 손끝에 스며온다.

죽음은 세상에서 가장 위대한 스승이다. 삶을 투철하게 성찰시키는 힘을 죽음을 보며 느낀다.

입관할 때 울음바다가 되었다. 태어나서 처음으로 입관하는 전 과정을 지켜봤다. 몸을 닦으면서 염습사가 동생이 참 잘 생겼다고 했다.

22년 동안 회사를 거쳐 갔던 직원들과 전 직원이 검정예복과

넥타이를 매고 근조 리본을 달고 3일 동안 예의를 다해 조문객을 맞았다. 학교 환경정비에 솔선수범했던 봉사의 숭덕을 기리기 위해 법인이사와 교장을 비롯 전 선생님들이 문상하여 애도를 했다.

무안군수는 물론 이윤석 국회의원도 다녀갔다. 목포시장과 민주당 전 원내대표 박지원 대표를 비롯 목포시 무안군 주택관계자들이 함께 해준 것은 정말 이례적이었다.

여름이지만 서늘한 날씨가 고인의 고운 심성에 감복한 것 같다고 덕담했다.

내 속에 내가 너무도 많아서 당신의 쉴 곳 없네
내 속에 헛된 바람들로 당신의 편할 곳 없네
내 속에 내가 어쩔 수 없는 어둠 당신의 쉴 자리를 뺏고
내 속에 내가 이길 수 없는 슬픔 무성한 가시나무 숲 같네
바람만 불면 그 메마른 가지 서로 부대끼며 울어대고

추운 겨울 앞을 분간할 수 없을 만큼 눈이 펑펑 쏟아지는 날 들었던 이 노래가 우리를 노래한 것처럼 공감이 갔다.

관 뚜껑에 못질이 가해지고 그 위로 명정글씨 선명한 광산김공지구(光山金公之柩)가 덮어진다.

숙연하려 했지만 "영섭아!" "여보!" 쏟아지는 오열과 흐느낌이 더욱더 슬프게 한다.

눈물 속에 동생을 보낸다. 부디 하늘나라에서 평안해라. 네 영

혼을 먼저 보낸다. 부디 하늘나라에서 깊고 편안히 잠들어라. 동생의 안식을 빌었다.

부딪치는 충격이 얼마나 컸으면 두개골에 검붉은 자국이 배어 있다.

불구덕에서 나온 우유처럼 뽀얗고 고운 유골이 잿더미와 함께 눈앞에 있다. 바람에 날려갈 것 같은 육신의 '화골'이다.

이백(李白)은 '부천지자(夫天地者)는 만물지역려(萬物之逆旅)요, 광음자(光陰者)는 백대지과객(百代之過客)이로다' 라고 했다. 즉 무릇 하늘과 땅은 만물이 잠시 쉬어가는 여관(旅館)이요, 세월(光陰)은 영원히 쉬지 않고 지나가는 나그네와 같다고 했다. 뿐만 아니라 '이부생약몽(而浮生若夢)하니 위환(爲歡)이 기하(幾何)오' 라고 했는데, 이 중에 인간의 생애라고 하는 것은 꿈같이 덧없고 짧은 것이니 이 세상에서 환락을 누린다 한들 그 얼마나 길게 계속될 것인가를 탄식했다.

인명은 재천(在天)이라지만 슬프고 안타깝고 경험하지 못할 시간이 내 앞에 있다.

사이판에서 아내의 생일을 맞다

골프를 시작한지 딱 20년이다. 골프를 배운지 1년만에 남광주 CC에서 개장 1호 홀인원을 했다. 그때를 떠올리면서 자랑도 했고 얽힌 사연도 곧 잘 얘기한다.

그 시절에 골프장이 전남에서 통 털어 2개 밖에 없었다. 당시에는 홀인원 소식이 신문에 실리고 프랑카드도 붙는 등 골프 애호가들은 물론 지인들 사이에도 단연 화제였다.

남들은 평생에 한 번도 하기 어렵다는 홀인원을 경인년 들어 두 번째 했다. 함평 다이너스티 마제스티 6번 홀이 그 현장이다. 20년이 지난 터라 홀인원에 대한 예법이 달라졌는지 캐디의 청으로 홀컵을 향해 엎드려 큰절도 올렸다.

홀인원하면 3년간은 재수가 있다면서 남악에 계획하는 아파트 사업이 잘 될 수 있도록 묵언으로 기도도 곁들였다.

홀인원은 축하 비용 또한 만만치 않게 들어간다.

다행히 홀인원 보험이 8백만 원이 들어있어 춤추듯 기뻤다. 이렇게 저렇게 쓰고 남은 돈으로 온 마침 가족이 함께 가족여행을 계획하게 되었다. 홀인원이 가져다준 행운 때문에 계획된 여행이다. 프랜츄리라는 빨간 정열의 꽃이 비취색 바다와 어울려져 적도에 위치한 사이판, 따사로운 햇살 한줄기 바람도 우리 가족을 위해 불던 날, 옥색 바다 살랑거리는 사이판에 도착했다.

뭉게구름 둥실 떠있고 포말 되어 부서지는 파도는 적도 하늘과 맞닿은 수평선과 함께 둥글게 다가온다.

쏟아지는 별밤, 무한히 펼쳐진 바다, 황혼빛 파도소리 끝없는 모래밭 뭉게구름이 바람에 밀려다닌다. 감동의 물결이 우리 가족을 들뜨게 한다.

아! 좋다. 기뻐하는 세 딸들이 사랑스럽기만 하다.

우리 가족들 영혼에 맑은 바람이 이는 것 같다.

자연과 함께 하는 여행은 항상 감미롭고 녹록하다.

탐욕도 벗어 놓고 성냄도 내던지고 스노클링하면서 떼 지어 움직이는 물고기 때를 보면 아! 생명이구나 하고 경외심이 든다.

물속에서 즐거워하는 막내 유림이는 어릴 적 내가 바닷가에서 놀던 그 모습이다 .

온가족이 함께 와 너무 감사합니다.

유정이가 성격 책을 펴들고 예배하자는 제의도 싫지 않았다.

아빠가 경영하는 학교로 와 주라는 간청도 미디어 관계자들에게 전도를 해야 하는 사명이 있다면서 손사레치는 큰딸이다.

신앙이 너무 신실하여 나와 다투고 마음고생이 많이 시켰던 아내가 큰딸더러 '김 목사'하고 부르자, '엄마! 왜 그래' 하며 반응한다.

가족은 힘이요, 희망이다. 가족은 행복이라는 미래가 있다.

어려운 시대를 살면서도 가족을 지켜야한다는 무거운 책임감과 사명감으로 살고 있다.

자연에서 삶을 배우듯 성장한 애들이 혼기를 놓칠 수 있다는 불안감에 편치 못하다. 시집가야지 하면 다 하나님이 알아서 한다고 '걱정 마세요.' 한다.

내 안에 존재하는 생명들이 있다. 머리카락 수만큼 지문의 소용돌이가 갖가지 존재하는 세상이다. 부드러운 한줌의 흙도 청량한 한 모금의 샘물도 삶의 향기와 꽃의 아름다움으로 피어나고 사그라지는 퍼즐 같은 세상, 이틀째 사이판의 밤은 깊어간다.

음력으로 6월 15일은 아내의 생일이다.

아내는 보름달 휘영청 밝은 날 태어났다. 생일을 축하하는 계획된 세레머니 케이크에 쉰다섯을 촛불 꼽고 축하했다.

엄마를 위해 아빠가 축하 글을 준비했다 자랑했더니 '아빠가 쓴 글이 엄마를 감동 시킬거예요.' 읽으라고 재촉한다.

이애자 생일날에

보름달 빛 환희 비취는 밤 당신 생일을 축하하오.
당신이 꽃같이 아름다운 이 밤 그대 생일에 온가족이 모였소.

당신은 명주처럼 부드럽고 고운 모습으로 미소를 머금고 있었소.

동백꽃처럼 붉은 입술은 상냥스럽고 부드러운 몸짓으로 내 마음에 햇살 되고 바람 되어 애정의 꽃망울 만들어 갔소.

내 마음 풍금처럼 오색조 되어 그대 맞으려 울어댄 나날 헤아릴 수 없었소.

폭죽 터트려 삶을 이어 합한 인생 31년, 잡풀도 헤치고 외로운 길 넘어 우리가족을 이루었소.

목마르고 아픈 세월 노여움 넘어 믿음의 벌판까지 차올랐소!

작은 꽃들 피어 날 때 달빛 웃음 보낸다오. 우리 합한 인생 우리 세 딸 동행하니 사랑만 가득하오.

어둠 내려도 빛 가운데 있어 두려움 없는 우리 가족, 엄마 생일에 우리 딸들 풍선달고 하늘거리오. 두리둥실 맑은 달빛 그 빛 아름다운 밤에 우리 가족 함께한 웃음소리 드높소.

오랜 세월 사랑한다는 말 까닭 없이 못했었소.

사랑해요. 여보.

더욱 사랑합니다.

우리 함께 한 세월 자식들에게 수놓게 합시다.

-아내의 쉰다섯 생일에 당신의 남편이

"와! 우리 아빠 멋지다" 애들이 탄성을 쏟아낸다.

왠지 진심이 부족했는지 부끄럽고 계면쩍다.

블루 메리앙 네 잎에서 좋은 향기 바람에 실려 코끝에 감미로운 사이판.

제트스키 타는 우리 막내, 아빠! 하고 물살 가르며 신나게 달리는 모습이 출렁거린다.

자식을 키우는 마음

한 달에 한 두 번이지만 아이들이 사는 서울 집에 도착하면 진공청소기부터 잡는다. 윙윙거리는 청소기로 구석구석 빨아들이고 나면 물걸레로 이곳저곳을 문지른다. 또 화장실에 물을 뿌려대면 런닝셔츠가 땀에 축축히 젖어 갈아입어야 한다.

그리고 나서 애들에게 전화를 걸어 저녁을 함께 먹을 수 있는지 타진한다. 세 딸이 있지만 다 바쁘다면서 스케줄 때문에 미안하다고 한다. 무엇이 그리 바쁜지 조금 섭섭한 마음을 근처 목욕탕에서 날려버린다. 나도 어차피 애들에게 배려한 저녁시간이니 무료하기도 하지만 항상 아침을 부실하게 생식으로 해결하고 출근하는 애들이 안타까워서 냉장고를 뒤져보고 국거리와 찬거리도 점검한다.

밥통에는 며칠 된 지도 모르는 밥이 남아있지만 먹을 수 없을 것 같아 버리고 새 밥을 한다. 그리고 농협에서 국거리를 사다가 챙긴 후 냉장고 이곳저곳을 정리한다. 다행히 식당 하시던 어머님의 솜씨를 눈 너머로 보았던 터라 아내가 미역국 끓이는 방법을 가르쳐줘서 물부터 준비한다. 멸치국물을 충분히 우려내 건져낸 후 마른 표고버섯과 다시마로 국물을 내고 소고기를 약간 볶은 다음 미역을 넣고 마늘 다짐을 넣으면 그런대로 먹을 만한 미역국이 된다.

이 방법을 습득한 뒤부터는 꼭 아침 식사를 직접 차리고 세 딸과 함께 아침을 먹고 출근하고 학교에 가도록 하고 있다. 그러나 늦잠을 자는 큰딸은 "아빠 죄송해요" 하면서 생식으로 아침을 때우고 헐레벌떡 출근을 하기 일쑤고, 막내는 과일 몇 가지만 싸들고 허겁지겁 눈인사가 고작일 때도 있다. 조금은 준비해 놓은 밥상이 초라해서 실망스럽고 섭섭하지만 서둘러서 움직이는 녀석들을 나무랄 수도 없다. 그래도 둘째 유신이가 일정을 꼭 알아보고 남은 시간을 배려한다.

큰딸이 YTN 미디어에 입사해 스타뉴스 앵커를 하고 기자에서 PD로 부서를 옮긴지도 7년째, 혼기를 놓친 것 같아서 안타까운 마음이 있는 터에 실망스럽게도 미디어 선교에 푹 빠져 새벽기도에 나가고 교회 사역한답시고 바쁘다.

교회에 우선순위를 두는 딸, 영적인 삶을 경험해야 한다고 "아빠도 믿으세요" 한다. 나는 마음이 착잡해서, 너는 어떻게 그렇게 엄마와 똑같느냐! 하고 화난 표정으로 응대하지만 믿음이 좋고 이쁘기만한 딸과 다툴 수가 없다. 찬물로 세수를 한 젊은 얼굴 보다 더 아름다운 것이 어디 있겠는가! 여성의 미는 생생한 생명력에 있을 것이다.

첫째 딸이고 인물이 수려해 남편감들을 이리저리 수소문해 만나보라고 하는 것도 이제 지치고 마음이 조급해져서 사윗감 찾기가 솔밭에서 바늘 찾기와 같다.

태산은 흙 한 줌을 마다하지 않아 크고, 강과 바다는 작은 물줄기도 받아들여 깊다는데 부모의 마음을 아는지, 이 녀석들이 삶의 껍질을 끝까지 벗겨본 적이 있을까? 염려스럽다. 주위를 둘러 싼 어려움들, 소리 없이 다가오는 시련들을 뒤로하고 곱게 키워 사회적으로 가치 있는 일을 해내는 소망을 큰딸에게 두었다. 미모에 통찰력과 함축적인 언어구사, 예쁜 미소가 사람 죽이게 생겼는데……. 하느님 믿는 일에 골수가 되다니, 나는 편치 못한 심정을 감출 수가 없다.

이런 하소연을 둘째에게 했더니, 나의 처지를 이해한 듯 "아빠, 내가 언니보다 먼저 시집가서 손자 하나 낳아 드릴까" 한다. "그래? 그럴 수 있어? 그럼 얼마나 좋겠냐!" 표정이 밝아지고 흐뭇해하는 나를 보고 의미 있게 미소 짓는다.

사실 큰애보다 둘째 시집 보내는 일이 더 걱정이었다. 큰 수술을 하고 난 뒤 연약하고 가냘프기만한 몸으로 좌절하지 않고 합격해서 이화여자 대학교 대학원을 졸업했다. 그 후 지역아동센터 중앙지원단에 입사해서 능력을 인정 받고 있다. 매사에 부지런하고 선택과 집중을 잘해서 멋깔스럽고 추진력도 좋은 녀석이지만 수술 후유증 때문에 걱정이 태산 같았는데 애인이 생긴 것 같은 암

시를 던진 것이다.

워낙 계획이 치밀하고 분석도 뛰어나서 어설픈 얘기는 안 하는 녀석이라 누굴까 궁금했다. 나도 잘 아는 유중이, 결혼식 때 축가를 불러 서로 알게 되었다는 것이다. 딸만 셋 있는 우리 가정에 겨울이라는 침묵을 깨고 결혼이라는 봄이 깨어나는 순간은 이렇게 시작되었다.

나는 아들이 없어 잘 모르겠지만 딸을 키우는 부모의 마음은 늘 노심초사하고 안절부절한 경우가 많은 것이다.

원어민 교사

MB정부의 인수위가 영어교사 2만 명 확보로 영어로만 수업을 하겠다고 하자 찬성과 반대가 빗발치고 영어교육 방침을 놓고 갑론을박하면서 온 나라가 영어열기로 후끈 달아오르고 있다. 영어 조기교육에 기러기 가족, 어학연수, 대학과정 등 미국을 비롯한 영어권 국가에 새어 나가는 돈이 몇 조원이고 보면 영어로만 수업을 해서 외국말을 습득하는 방침에 이해도 간다.

또한 경제적 측면을 고려했을 때 대외 수출 의존도가 높고 글로벌 지구촌에서 경쟁할려면 영어는 필수 언어요 지식이다. 대학원 시절 논문심사과정에서 영어과락을 경험하고 영어가 서투른 나 또한 영어 열등아다.

막내 유림이가 목포여고 2학년 시절, 학부형인 내가 학교위원장을 맡고 있을 때 교장선생님께서 원어민교사와 같이 생활하면 유림이의 언어 성취에 도움이 될 것이라고 하여 홈스테이를 해보자고 아내와 상의했다. 매사에 쉽게 응하지 않는 아내의 동의를 구하고 원어민 Nicole선생과 함께 생활하게 되었다.

식탁을 마주하며 음식을 같이 먹고 출근시간에 내가 도우미가 되어 운전을 하고 학교까지 바래다 주는 것이 원어민 교사 Nicole과 우리 막내 유림이와 나에게 주어진 공동생활이었다.

나는 항상 긴장하였고 시간을 조절해야 하는 등 강박관념에 초조해야했다.

옷 매무새 갖추어 단정히 입는 것 또한 기본이었다.

아내는 전자사전으로 영어문자를 두드리고 해석하면서 식구처럼 된 Nicole에게 정성을 쏟았다.

국경이 다르고 언어가 다르지만 순수한 마음과 정성을 느끼고 감동이 넘쳤다. 음식을 맛있게 먹고 대화를 나누는 시간이 가장 즐거웠다.

유림이에게 선생님이 되는 Nicole이지만 집에서는 꼭 큰 딸 같은 생각이 들 정도로 한가족으로 동화되어 family라고 이웃에 자랑하는 것이 즐겁기만했다.

Nicole은 매우 명랑하고 한국 가정에 적응을 잘해서 부담이 없었다. 또한 예의가 바르기에 귀엽다는 평가가 이웃에 넘쳤다.

Nicole은 운동을 좋아해서 유방산 등산도 함께했고 수영 실력이 수준급이었다. 실내 수영장에도 아내와 함께 가는 횟수가 잦았다.

내가 여유당을 문 열 때에는 미국 Fulbright 재단에서 온 원어민 교사라고 특별히 소개하여 내빈들에게 큰 박수를 받기도 했다.

우리집은 외국인과 함께 살고 있다고 뽐내고 싶었으며 국제적으로 친선을 실천하는 집 같아서 자부심이 컸다. Nicole이 미국으로 귀국하면 어떻게 변해있을까를 생각하다가 그녀가 미국의 국무장관이나 퍼스트 레이디가 되어 나를 찾을 것 같은 착각에 빠져 즐겁기도 했다.

1년간의 생활은 꿈결같이 지나갔다. Nicole도 귀국준비에 제법 신경을 쓰는 것 같았다.

나는 악보를 잘 볼 줄 모르지만 음악듣기를 좋아해서 관현학 연주나 합주단의 경쾌한 선율에 감동을 하고 마음이 뜨겁게 달아올라 상기될 때가 많았다.

전남 챔버오케스트라 후원회가 조직되고 내가 회장을 맡으면서 일 년에 한번 정기연주회를 갖을 때, Nicole을 정기 연주회에 초대했는데 뛸 듯이 기뻐하면서 어여쁜 드레스를 입고 참석하여 명랑한 표정으로 여러 사람에게 인사했던 모습이 오래 기억될 것 같다. 열악한 지역 여건상 오랫동안 후원회가 유지되지 못했지만 아내와 Nicole과 내가 찍은 사진은 빛바랠 때까지 오래도록 남을 것 같다.

Nicole이 머물렀던 시간을 반추하면 좋은 기억이 많지만 유림이와 Nicole이 영어로 대화를 나누는 소담스런 장면이 최고였다. 학교의 수업과 관련된 내용으로 속삭이듯이 영어로 이야기하는 모습을 자동차 백밀러로 훔쳐보면서, 학교를 지나치자 유림이가 놀라 "아빠 어디로 가는거야?" "응 딴 생각에 정신이 없었네" 하고 차를 돌려 학교로 갔던 기억이 새삼 떠오르면서 Nicole이 보고 싶어진다.

Nicole은 지금 프랑스에 유학 중이다. 해마다 정성스럽게 편지로 소식을 전해온다. 사진과 가족 소개, 그리고 장래 문제 등 빽빽한 내용이지만 다 읽을 수가 없다. 영어실력이 짧아 앞 뒤 단어로 조합해서 내용을 짐작해 볼 뿐이다.

우리 중앙고등학교에서 실시하는 방과후 자율학습을 시내 중심가에 위치한 근화보습학원으로 결정하고 사뭇 기대가 크다. 학습 성취도가 떨어진 학생들에게 고육지책으로 선택한 결정이다. 영어 · 수학 실력 향상에 기대를 걸어본다.

봄볕이 완연해진 토요일 영어 생각으로 무료한 시간을 보낸다.

야구공

6월 19일, 아버지의 기일이다. 조금 늦었다 싶게 어머니 댁으로 갔다. 파킨슨병으로 시달리고 계시는 어머니는 당신의 고통은 아랑곳하지 않고 여전히 정성을 다해 제사상을 차리면서 나를 기다리고 계셨다.

"늦었습니다."

어머니는 넉넉한 웃음을 지으신다. 그저 아들이 열심히 일을 하는가, 하고 대견해하는 빛이 역력하시다. 마침 거실에 켜둔 TV에서 야구 중계를 하고 있다.

조명탑에서 쏟아지는 빛으로 야구장 안은 대낮보다도 더 밝다. 그 너머로 어둑한 허공이 잔칫집 차일처럼 펼쳐졌다. 카메라는 불빛사이로 포물선을 그리며 날아가는 하얀 공을 따라간다. 와아! 함성이 터진다. 일순간 혼란스럽게 뒤엉킨 생각들이 날아가는 듯 기분이 상쾌하다. 어린아이처럼 신명이 솟구친다. 신명은 분명 천진무구함과 맞닿아 있다. 기분이 엄청 좋을 때마다 어린 시절로 되돌아가는 듯한 느낌이 드는 것은 그 때문일 것이다. 아무런 갈등도 없고 계산도 없고 그저 흥에 취한 찌르르한 전율, 그런 느낌이 나이 들면서 점점 흐릿해져간다. 술이나 한 잔 하면 모를까. 스포츠 경기를 볼 때나 잠깐 스쳐갈 뿐이다. 그마저 스쳐가는 시간은 점점 짧아지고 전율 또한 옅어져만 가는데, 요즘 들어 그런 순간에 찾아오는 예기치 않은 보너스가 있다. 나도 모르게 저 천진무구했던 시간으로 돌아가곤 하는 것이다. 까맣게 잊었던 기억이 불쑥 떠오른다든가, 저 비슷한 장면을 언젠가 보았는데 하면서 기억을 더듬는다든가.

아버지는 큼직하고 따뜻한 손으로 내 작은 손을 꼭 감싸쥐고 늘 학교까지 바래다주셨다. 운동장을 가로질러 바위와 관상목으로 치장된 교실 앞에서 손을 놓았다. 몇 걸음 떼다가 불안한 눈빛으로 뒤돌아보는 나에게 얼른 들어가라고 연신 손짓을 하며 서 계시던 아버지.

본관 현관에는 박제된 호랑이가 날카로운 이빨을 드러내놓고 날쌔게 덮칠 듯한 태세로 서 있었다. 포효하듯 생생한 그 기상은 유달의 기상이라고 했다. 그때 그곳에서 나는 선택된 학교, 선택된 학생이라는 자부심을 갖기에 부족함이 없었다. 나에게 가장 넓고 푸른 하늘은 초등학교 교정을 뒤덮은 하늘이었다. 그래서일까. 나는 유독 초등학교 시절이 그립다. "빛나는 졸업장을 타신 언니께 꽃다발을 한 아름 선사합니다. 물려받은 책으로 공부를 하며…… 새 나라의 새 일꾼이 되겠습니다." 졸업하는 선배들에게 목청껏 졸업가를 부를 때, 제법 눈시울이 젖었다. 노랫말이 슬프고도 비장해서 맘속으로 다짐을 했다. 반드시 이 나라의 새 일꾼이 되리라고.

특히 우리 학교는 야구부가 전남을 대표하는 수준이었다. 각 반마다 야구부가 결성되었다. 나도 야구가 무척 좋았다. 학교를 대표하는 투수와 포수가 동네 친구여서 나는 그들의 글러브와 공을 보관하고 운반하는 일을 도맡아 했다. 그렇게라도 글러브와 공을 만지는 것이 재미있었다. 매일 그들과 어울려 동네 신작로에서 연습을 했다.

그러던 어느 날, 공이 순식간에 강물로 빠져버렸다. 유속은 공을 한참이나 멀어지게 했다. 당황한 내가 옷을 벗어던지고 강물로 뛰어들었다. 공은 50여 미터쯤 흘러갔다. 물속에 잠길 듯 보일 듯 떠내려가는 공을 건져내기 위해 필사의 사투를 벌였다. 학교대표 선수가 시합 때 쓰는 공이었다. 공을 잃어버린다는 것은 상상할 수도 없는 공포였다. 사력을 다하여 거센 물살을 헤치고 이윽고 손에 잡힐 듯한 거리까지 좁혀졌다. 그러나 그곳은 소용돌이가 더 심했다. 손에 닿았다 해도 쉽게 잡히지 않고 물살에 휩쓸려 소용돌이쳤다. 온몸을 던져 그 작은 공을 거머쥐었을 때의 희열, 그 전율을 나는 잊지 못한다. 감전된 듯 짜릿한 순간, 맥이 탁 풀렸다. 힘이 빠져 제멋대로인 팔다리로 허우적대며 겨우 소용돌이를 헤치고 나와 조선소 도크 쪽으로 기어 올라갔다. 늦가을이라 강물은 몹시도 차가웠다. 밖으로 나오자마자 시퍼레진 입술이 파르르 떨리고 온몸에 소름이 돋으면서 사시나무처럼 걷잡을 수 없이 오들오들 떨렸다. 그때 협성 조선소 누나가 잽싸게 군용 담요를 들고 나왔다. 누나는 담요로 내 몸을 감싼 다음, 따뜻한 방으로 데려갔다. 아랫목에 앉혀 놓고 수건으로 머리를 털어주었다.

"어떻게 된 거야? 왜 이 추운 날씨에 강물에 뛰어들었어?"

나는 아무 말도 하지 못하고 덜덜 떨면서 야구공만 꽉 움켜쥐고 있었다.

"야, 이깟 공 때문에 물살이 거센 그곳까지 뛰어들어? 이 추운 날씨에."

누나는 내 머리에 꿀밤을 먹일 듯 주먹을 쥐어 보이며 나무랐지만 그 눈빛이 따끈한 아랫목보다 더 후끈했다. 저릿저릿하게 녹아드는 몸, 아랫목의 훈기 때문이었는지 누나의 따뜻한 눈빛 때문이었는지 아직도 나는 아리송하다.

그날 집으로 돌아갔을 때, 아버지는 말씀이 없으셨다. 아직 내 비행 소식을 듣지 못했으니 당연한 일이었다. 사단은 그로부터 사나흘 후에 일어났다. 나를 안방으로 데리고 들어간 아버지는 종아리를 걷으라고 하더니 회초리로 갈기기 시작했다. 혹독한 매질이었다. 회초리 자국마다 살점이 찢겨나가는 듯한 통증으로 고통스러웠다. 대여섯 대를 때린 다음 잠시 멈춘 아버지는 굵직한 목소리로 말씀하셨다.

"야 이놈아! 몸 귀헌 줄을 알아야지. 니 몸이 어떤 몸인데 함부로 아무데나 위험하게 던지냐? 야구공 하나 때문에 이 추운 날씨에 사나운 강물에 몸을 던져?"

그리고는 다시 매질을 시작했다. 또 대여섯 대가 종아리에 감겼다. 어인 일인지 아픔이 느껴지지 않았다. 눈물이 흐를 뿐이었다. 이윽고 아버지는 회초리를 던졌다.

"똑 바로 서! 남자란 모름지기 그 위험도가 어떤지를 먼저 살핀 다음 움직일 줄 알어야 허는 거다."

그 후 다시는 그런 고통을 몸으로 체험할 기회가 오지 않았다. 짜릿한 회초리 맛, 아버지의 낮고 굵은 음성, 그 모든 것이 이제 감미롭기만 하다. 누가 내게 저처럼 짜릿하고도 감미로운 아픔을 다시 가져다줄 것인가. 그것들은 오직 저 유년의 천진무구함 속에서 빛나고 있을 뿐이다.

순간, 화면 속에서 쏟아지는 불빛을 가르고 큰 포물선을 그리는 하얀 공이 관객석으로 넘어가면서 환호가 터진다. 9회 말, 홈런 한 방으로 역전의 드라마가 연출되었다. 소용돌이치는 물살에 온몸을 던져 작은 공을 건져 올리던 순간의 전율, 추위에 덜덜 떨면서도 후끈하게 달아오르던 마음, 종아리에 와 닿던 짜릿한 회초리 맛, 그곳에서 너무 멀리 와 있다. 기억 한 자락이 하얀 포물선을 그리며 그 시절로 날아간다. 이제 나도 육십이 넘었으니 사업가로는 9회 말쯤에 와 있는 것인가. 삶이 저렇게 명쾌한 게임만 같으면 얼마나 좋을까.

아버지 영전에 무릎을 꿇고 향을 사른다.

"대한주택건설협회 감사 후보로 출마했는데 경쟁자가 없었습니다. 싱거운 게임이었지만 그래도 업계에 투신한 보람을 느꼈습니다. 대의원들에게 당선인사차 식사 대접을 하느라고 늦었습니다. 이 모든 영광이 아버님의 응원 덕분인 줄 알고 있습니다. 감사합니다."

코끝이 찡해 왔다. 길고 길었던 절망과 고뇌의 시간이 한 순간 날아간 듯했다.

2

어머니의 지혜

형제의 정

'형제의 정'을 생생하게 체험해서 나는 여전히 기억하고 있다. 그 감동의 장소는 목포여고 운동장에 마련한 복싱경기를 위한 특설링이었다.

땅거미 지고 어둠이 짙게 깔리는 시간, 백열등 전구가 수십 개 공중에 연결되었다. 불빛 사이가 촘촘하여 야광조명탑처럼 밝았다. 사람들이 빼곡히 몰려서 품어낸 열기가 운동장에 가득했다. 사람 사이가 비좁아 인산인해를 이루었다.

한 · 일 복싱교환경기 선발전 플래카드가 선명하게 눈에 들어왔다. 태극기와 일장기가 나란히 걸려있어 국제경기다운 장면을 연출해 냈다.

목포여고 교실 창밖으로 단정한 교복을 입은 여학생들이 비좁은 창문 밖으로 얼굴을 맞대면서 옹기종기 머리를 내밀어 개항 이래 처음 열리는 국제 경기를 보기위해 아우성이다.

아나운서의 멘트가 시작되면 시합이 시작된다. 웅성거리고 잡다한 소음이 백열등 불빛아래 소란스러웠다.

동생이 링 위에 올라왔다. 숨 막힐 듯한 긴장이 내 몸까지 경직시킨다.

코치가 상대방은 인파이터로 나올 것이다. 스트레트로 승부하라고 주문한다. 동생은 마우스피이스를 입에 굳게 물고 링을 응수하고 고개를 좌우로 흔들어 몸을 푼다. 말수가 적고 과묵한 동생이다. 그러나 시합 때면 눈이 쌍라이트처럼 켜지면서 독기를 발산하는 특별한 데도 있었다.

누가 시킨 것도 아닌데 끌리듯 동생에게 다가가 어깨를 두 손으로 감싸 손으로 풀어주면서, "너의 장기는 스텝이 좁고 상대방을 받아치는 솜씨가 특출하다. 스트레트로 승부하고 오른발은 뒤꿈치를 들어 오른손에 무게를 실어라. 너는 해낼 수 있다. 부드럽게 링의 4각을 다 이용해라. 너는 발이 상대방 선수보다 빠르다. 그 기술을 최대한 활용해라, 명심해라!"

체중조절로 더 이상 밀려날 근육이 없는 상체를 이리 만지고 저리 두드리면서 동생을 격려했다.

나는 중학교 때부터 복싱을 시작했다. 먼저 복싱을 했던 나는 동생이 국가의 대표가 될 수 있다고 믿고 있었다. 어려운 가족 환경이었지만 온 가족이 동생이 국가 대표가 될 것을 소망했다.

긴장 속에 종이 울리고 몸들이 뒤엉킨다.

동생의 몸놀림은 유연했다. 빠른 발을 이용해서 손을 뻗어 정확한 타점으로 상대방 선수를 제압해 나갔다.

동생은 한시절 복싱선수로서의 명성이 목포에 자자했다. 김삼남 복싱선수하면 모르는 사람이 없었다. 당시 김동석 목포시장이 기차를 타고 시합에 나가는 대표선수들을 태극기와 시민의 성원을 앞세워 배웅하고 승리를 기원하면서 손을 굳게 잡고 목포를 빛내달라고 격려하기도 했다.

동생은 나의 희망이자 가족의 자부심이었다. 그 동생이 나한테 어려운 일이 생기면 다가온다. 지난한 시대를 살아오면서 어떤 경우에도 가족을 지켜야 한다는 공감대가 있었다. 환경을 탓하지 않고 발현되는 형제의 정은 인성 그 자체였다. 그 정이 자랑스럽고 흐뭇하다.

동생과 나는 생활은 달라도 마음은 하나였다. 가족으로서 우애가 대단하다고 남들이 부러워했다.

우리 형제들은 아버지를 일찍 여의고 울지 말자고 다짐했다. 가족으로 살아남을 일만 걱정했다. 우리 형제에게 아늑하고 따뜻한 보금자리는 상상할 수 없었다. 우리는 질퍽한 환경에서 성장했다.

상공회의소 회장에 집착하는 나에게 "형님! 정치하려고 그러십니까? 계획하고 있는 이번 사업은 괜찮습니까?" 염려해 주기도 했다.

우리 형제는 가정은 달라도 살아가는 일을 같이 염려하면서 안개 속 같은 길을 항상 함께 가고 있다.

8월에 막내 동생을 어처구니없는 사고로 떠나보냈다. 우리 형제들의 놀라움과 슬픔은 매우 컸다.

최재천 교수는 「동물도 죽음을 애도 한다」에서 '죽음 그 자체는 생물학적으로 볼 때 지극히 자연적인 현상이지만 죽음을 애도하는 행위는 유전자의 관점으로 설명하기 어려운 문제 중의 하나다. 이미 죽은 자는 더 이상 유전자를 후세에 전파할 수 없기 때문이다. 죽음을 애석해 하는 그 애틋한 감정은 유전자에게 과연 무슨 도움이 주었기에 지금도 우리 가슴속에 살아있는가?' 하고 적고 있다.

가족을 이루는 형제들은 또 다른 유전자의 나눔으로 형제로 남지만 형제를 이루었던 정은 형언할 수 없는 슬픔이자 애틋한 아픔으로 남는다.

어머니의 지혜

막내 동생을 잃어버리고 통곡하는 어머니를 보는 자식들의 마음은 형언할 수 없는 아픔이며 슬픔이다.

막내의 살이 포동포동하고 보드라웠다고 뇌사상태에 있는 자식의 다리라도 만져보자고 어머니는 통곡한다. 4남 2녀의 형제자매지만 이런 불행한 일은 상상도 못했다. 평정을 찾고 의연할 것 같았는데 어머니의 건강이 극도로 나빠지고 있어 심란한 마음 금할 길 없다.

"어머니, 남아있는 자식들을 위해서 건강하셔야 합니다."

어머니께 말씀드리지만 매일 같이 나쁜 꿈만 꾼다고 하신다.

우리 어머니는 남편을 먼저 보내시고 금년 84세이시다. 어머니는 44살 꽃다운 나이에 혼자 되셨다. 눈길에서 미끄러져 불편한 다리로 생활한지도 20년이 넘는다. 다리만 불편하지 않으셨어도 좋아하는 절에 가서 불공도 드리고 좋은 스님 만나 유익한 말씀 듣고 한없이 기뻐할 터인데 몹시 안타깝다.

보릿고개의 춘궁기를 살아오신 그 시대 부모님들은 가난하고 어려운 환경에서 헤어 나올 수 없었다. 6남매를 키워오신 우리 어머니는 질퍽한 삶의 수렁을 헤집고 나올 수 없을 정도로 힘든 생활을 하셨다.

일찍 병으로 쓰러지신 아버지를 대신하여 먹고사는 생활은 어머니가 맡고 동생들의 학비와 아버지의 병원비는 일부 내가 벌어서 감당했다.

우리 어머니는 자애롭고 다정다애하여 기대면 응석 받아주고 놀아주는 그런 스타일이 아니셨다. 자식들을 교육으로 예절로 키우는 것보다 살아가는 방식을 가르치는 지혜를 주셨다. 늘 비겁하지 말고 형제간에 우애하고 조상에 대한 예의를 갖출 것을 어머니가 행동으로 실천하면 우리는 따라 배웠다.

나는 아버지를 대신해서 가장역할에 익숙해져 갔다. 가정을 책임지기 위해서는 항상 성실해야 했다. 내 삶의 목표와 희망은 가정을 일으키고 보자는 것이었다. 결혼하면 절대 아내 고생은 안 시키고 자식은 하나만 낳아 잘 키워야겠다고 다짐했다.

우리 어머니는 현실과 잘 타협하는 분이셨다. 낙천적인 성격으로 경우에 합당한 일이 아니면 불같이 화를 내면서 굽히지 않은 강인한 기질이셨다. 주변사람들이 호남이 어머니는 여장부라고 말하곤 했다.

이런 환경에서 내 가치관은 살아남는 삶으로 성장하는 것이었다. 나에겐 젊은이가 겪는 사춘기도 없었다. 큰 아들로서 가정을 책임지는 의무가 있었을 뿐이다. 장래 내 아내 될 사람이 미용기술을 가진 사람이면 좋겠다고 생각했다. 열심히 노력한 결과 생활이 조금씩 풀려나가자 양장점 재단기술자를 만나면 좋겠다고도 생각도 했다. 또 집을 장만하면 아래층은 양장점 이층은 안집으로 꾸미는 것도 설계해봤다. 더욱 생활이 윤택해지자 이제는 초등학교 교사와 결혼해도 좋을 것 같아 한 번은 소개로 만난 적도 있다. 돈은 조금씩 모아졌고 나는 제법 사업하는 사람이 되어가고 있었다. 입 · 출금 때문에 매일 은행을 출입한 나는 열정적인 노력으로 지금의 아내를 맞이했다. 결혼계획 만큼은 생각과 상상대로 추진되어 어머니가 겪은 한 많은 세월을 물리칠 수 있었다.

어머니는 없이 살아도 당당하고 정의롭게 살도록 가르치셨다.

고등학교 졸업하고 수협 중매인 서기를 하다가 뒤늦게 입대한 자식이 염려스러워 틈틈이 사람을 보내어 군대생활을 잘 적응하는지 살피시고 걱정했다.

집안 사정이 염려되어 어렵게 휴가를 나왔을 때 병색이 짙은 아버지가 금방이라도 돌아가실 것 같았다. 그러나 힘든 생활 속에서도 당당한 어머니는 때에 찌든 앞치마에 돈이 두둑하다고 자랑하셨다. 손님들이 북적이고 식당이 잘 되는지 자신감이 넘쳐보였다.

"호남아! 이제 집 걱정이랑 말어라"하고 나를 안심시켰다.

휴가 중 사경을 헤매시던 아버지가 임종의 자리에서 "호남아, 마지막으로 소주 한 잔만 주라"고 하셨다. 나는 울면서 목멘 소리로 "아버지. 소주는 안 됩니다." 흐느끼며 거절했다. 아버지는 나에게 "미안하다"는 말을 남기고 돌아가셨다. 이후로 홀로 되신 어머니가 과부라는 말을 들을 때면 아버지의 부재를 느끼면서 나는 과부란 말을 제일 싫어했다.

아버지가 돌아가신 후 1985년 치열한 경합으로 목포JC회장을 하겠다고 결심하고 소신을 앞 세워 선거운동을 하는 나를 어머니는 말리지 않고 이해하고 격려를 해주셨다. 선거 운동하는 자식의 건강을 염려해서 "늘 밥 먹고 뛰어라 굶지 말어라 건강해치면 안된다"고 노심초사하기도 하셨다. 당선된 후 취임식장에서 자랑스러운 아들의 모습을 보고싶어 옷을 곱게 차려입고 오신 어머니께 "어머니, 왜 오셨어요. 집에 가 계십시오." 했을 때 두 말없이 자리를 비켜주셨던 그 큰 도량 앞에 감사드린다. 그때 취임장면도 보여드리고 어머니를 소개도 했다면 매우 좋았을텐데, 나의 생각이 짧았다. 지금도 아쉬움이 남는다.

18대 목포상공회의소 회장 선거에서 친구 방현이와 경합 이야기가 나왔을 때 어머니는 일언지하에 "호남아! 친구와는 경합하지 말어라. 방현이가 하고 싶다고 하면 하라고 해라."고 친구끼리 맞서서 싸움하지 말라고 충고하고 지혜를 일깨워주기도 하셨다.

항상 편히 생각하고 자식 같이 여기던 매형이 돌아가셨을 때 회사 부사장이란 직책을 의식하고 묵묵히 슬픔으로 일관하신 어른스러움에 고개를 들 수 없었다.

부디 건강하게 오래 사시고 좋은 일로 웃고 편안한 마음으로 돌아가셨으면 하는 소망뿐이다.

어머니께서는 작은 일에도 정성을 다해야 큰 일을 할 수 있다는 가르침을 주시곤 하셨다. 그런 교훈이 있었기에 낳아주고 길러주신 은혜에 감사하면서 살고 있다.

어머니는 부지런하셨다. 그리고 총명하셨다. 의연한 어머니의 삶 앞에 자식으로서 부끄럽지 않게 살아가겠다는 각오는 당연한 도리이다.

금강혼식을 한 장인 장모가 기축년 12월 10일 경인년에 연거푸 두 달 여만에 돌아가셨다. 사돈네 일이지만 마음에 걸렸던지 이번 설 성묘는 안 가는 것이 좋겠다고 해서 "어머니 마음이 편하시다면 그렇게 하겠습니다" 했다.

"대신 한식 때 가겠습니다" 했더니 어머니 표정이 환하게 밝아져 고운 모습으로 웃으셨다.

누나

유년시절엔 보릿고개나 춘궁기에 대부분의 사람들은 늘 배가 허기졌다. 우리 집도 예외는 아니었다.

아버지가 만주 봉천에서 가마보크(장어를 원료로 만든 찐 고기)를 만드는 기술을 배워와 공장을 차렸다.

누나와 나는 가마보크를 배달하고 수금도 번갈아 했다. 인근의 금천양조장에서 물을 길어오는 일까지도 누나와 나의 몫이 될 때가 많았다.

돌아보면 우리들의 어린 시절은 열등감 극복에 최선을 다하며 산 세월이었다. 향학열이 뜨거운 누나는 무작정 서울에 올라갔다.

공부도 시켜주고 자식처럼 돌봐주겠다는 곳이 있었지만 어머니의 설득으로 누나는 다시 고향으로 돌아왔다.

이 무렵 아버지는 자주 병환으로 쓰러지셨고 어머니는 억척스런 생활력으로 아버지의 역할까지 다하며 어려운 가정을 꾸려가셨다. 살기 위한 몸부림이요, 처절한 가난탈출이었다.

나는 큰 아들이라서 학교를 보내야 한다는 어머니와 아버지의 소망으로 고등학교를 마칠 수 있었다.

이 무렵 누나는 금성여객에 취직을 했다. 그리고 그곳에서 매형을 만나 결혼을 했다. 나는 73년에 한옥을 사두었는데 누나는 거기서 신혼살림을 꾸렸다.

오랜 세월이 흐르도록 누나는 공부에 대한 집념을 버리지 않았다.

누나는 늦게 공부를 시작했다. 중학교와 고등학교를 검정고시로 졸업하고 수능시험을 치룬 후 동신대학교 사회복지과에 입학하였다. 50살을 훌쩍 넘긴 나이였다.

당시 김대중 대통령께서 늦깎이로 공부한 만학도를 청와대로 초청했는데 전남을 대표해서 누나가 참석했다. 대통령 내외를 비롯하여 지금의 박선숙 국회의원과 함께한 자리에서 너무 감격해서 울고 있는 누나를 박선숙 의원이 '이해합니다.' 하면서 '언제든지 어려운 일이 있으면 찾아주세요.'라고 누나를 달랬다는 이야기는 만학도인 누나를 위로하기에 충분한 것이었다.

졸업과 동시에 사회복지사 1급을 취득한 누나는 몹시 고무돼 있었다. 누나가 나를 찾아와서 신안군 비금에 가서 어린이집을 개원하겠다고 한다. 나는 인구가 계속 줄고 있고 투자가치도 없는 섬에서 어린이집을 개원하는 일이 타당한지를 물었다. 그래서 차라리 아내가 원장으로 있는 어린이집 원감으로 계시라고 했더니 올케 밑에서 원감하려고 1급을 땄겠느냐며 울먹이는 것이다. 누님은 기어이 개원하더니만 손해만 보고 다시 목포로 나왔다. 이후 매형이 돌아가신 슬픔과 좌절을 극복하고 우리 회사 아파트 소장으로 근무하게 되었다. 주택관리시험에 도전하여 7차례 불합격을 경험하면서도 변함없는 신념과 강인한 의지, 그리고 불굴의 도전 정신으로 올해 1차 합격을 하고 2차 시험을 남겨놓고 있다

나는 누나가 존경스럽고 특별한 분이라는 생각이 들었다. 이제 누나는 나이가 65세이다. 그 누나의 그늘에 귀여운 손주 둘이 자라고 있다.

할머니 소리를 들으며 손주나 봐주고 꿈을 접을 나이에 좌절하지 않고 도전해서 1차 합격을 이루어낸 불굴의 정신, 이루겠다는 신념, 포기할 줄 모르는 도전정신으로 환경과 장애를 극복한 누나의 일생은 나를 감동시켰다.

이러한 누나의 과정을 지켜본 나는 고무되어 "2차 시험에 꼭 합격하십시오. 2차 시험에 합격하면 베아채 스위트 아파트를 포상으로 드리겠습니다." 말씀드렸다. "그래 꼭 합격해야겠네" 하며 누나는 웃으셨다. 누나가 살아온 삶의 여정을 바라보면 진정 성공한 인생이라는 생각이 들어 지난한 삶을 살아온 누나에게 아파트 한 채로 보상이 되겠는가마는 동생인 나의 마음은 진심이었다.

우리 사회는 누나 같은 분을 격려할 줄 알아야 한다. 누나의 삶은 얼마나 가치 있는 인생인가? 그녀가 나의 누나인 것이 자랑스럽다. 누나의 7전 8기의 도전 정신은 감동스토리요, 인간 승리의 서사이다. 해보겠다는 각성, 그 자체로도 이미 빛나는 성과이다. 나는 누나가 준 감동이 가슴에 와서 분수처럼 퍼지는 요즘이다.

큰딸과 송공산에서

사람은 누구나 가족의 사랑에 기대어 산다. 그 사랑의 바탕은 가족이 함께 하는데서 부터 시작된다.

큰 딸은 메일이나 엽서를 통해서 가끔 우리 가족에 대한 관심을 보여준다.

"가족보다는 회사 일이나 공적인 일을 우선하시는 아버지. 엄마를 아빠께서 잘 보호해 주세요. '칭찬은 고래도 춤추게 한다.'라는 말도 있잖아요. 엄마를 고래라고 생각해 주세요. 우리 세 자매가 하나 같이 착하고 성실하고 검소하고 딱 아빠와 엄마의 성품을 그대로 물려 받았더라구요. 훌륭하신 두 분을 부모님으로 모신 자녀로서 한없이 자랑스럽습니다. 결혼 문제로 심려를 끼쳐드린 것 같아 많이 죄송하지만 저도 두 분 실망 시켜드리지 않기 위해 열심히 기도하며 노력하고 있으니 너무 심려하지 마세요. 조금만 더 믿고 지켜봐 주세요."

시집보내기 아까워서 신중하다보니 혼기를 훌쩍 넘겨서 동생이 먼저 시집가게 되었다.

우아하게 예쁘고, 능력을 갖춘 딸이다. 그런 큰딸은 평범한 삶을 살지 않겠다고 한다. 직관력과 통찰력이 뛰어나고 함축적인 언어 구사도 가볍지가 않다.

방배동 함직박에서 YTN 미디어 방송국 첫 출근 세리머니가 있던 날 큰 딸 친구는

"유정이는 주변에 베풀고 배려하는 고운 마음을 갖고 있으면서도 얼굴이 이쁘지나 말던지, 많이 먹어도 살이 안 찌지나 말던지" 친구는 큰딸을 부러워 했다.

큰딸은 전남외국어고 시절부터 자립심을 키워왔다. 외로움을 하느님에게 의지하고 믿어서인지 강인함도 배어있다. 뿐만 아니라 새벽기도를 나가고 신우회를 조직하고 복음과 믿음이 전파 선봉에 서 있다.

내가 보기에는 딸이 너무 신앙에 함몰되어 사는 것이 몹시 마음에 걸린다. 그래서 딸의 믿는 신앙생활이 다른 사람에게 불편함을 줄 것 같아서 염려스럽다고 하면 "아빠도 믿어요." 한다.

그렇지만 애들이 믿음을 통해서 평안을 얻고 있다니 가끔은 교회에 따라 간다.

어느 일요일, "아빠께서 손잡아 주시고 기도하니 절로 눈물이 나왔어요. 감동해서요. 앞으로도 교회 자주 나오실 거죠?"

눈물을 흘리며 아멘! 아멘! 하는 딸이 주 안에서 행복하다니 위로가 된다. 영혼의 안정과 마음의 여유는 고도의 단련과 인내 속

에서 얻는 기도의 힘일 것이다.

지켜보면서 보람과 좋은 결과를 줄 수 있는 지혜로운 딸이라고 믿는다. 나는 큰딸은 자랑스럽고, 둘째딸은 사랑스럽고, 셋째 딸은 귀엽다고 입버릇처럼 이야기한다. 그중에서 큰딸은 나의 자존심이라고 말하기도 한다.

동생을 떠나보낸 다음날, 신안군 압해면 송공산을 같이 등산하자고 큰딸에게 제의했더니 "아빠 그럽시다." 한다. 마음 속으로 기쁨이 넘쳤다. 딸과 함께 산행을 하며 자연과 교감하며 평화롭고 순수한 부녀간의 대화를 나눌 수 있는 것은 참으로 행복한 일이 아닐 수 없다.

모든 걸 포용하고 용서하는 하는 것이 넓은 바다다. 바다는 무거운 가슴을 제 품에 내려놓게 한다.

나는 큰딸에게 송공산 자락에 바다생명문학관 건립계획을 추진하고 있는데 운영문제 때문에 고심이 된다고 설명했다. 딸은 바다생명문학관을 시하바다 입구에 세우는 일은 좋은 뜻이라고 동의하면서도 말을 아낀다.

결혼문제로 화제를 옮겼다. 그러자 딸은 내가 아스킬러건을 건드린 듯, 결혼문제를 화제로 삼는 것을 피하려고 웃으면서 빅딜하자고 제안했다. 그러면서 방송계는 종편확대로 요동치고 있다. 구조조정과 조직 개편이 이어지고 방송개혁과 광고 시장이 개방되면서 수익성이 떨어지다 보면 안정된 직장이 될 수 없다고 본다는 설명을 곁들이며 세간의 화제가 되고 있는 언론문제를 화두로 던졌다.

나는 큰딸이 영어 중등교사 자격을 갖고 있기 때문에 우리 학교로 오라고 했다. 그리고 신랑을 하느님을 믿는 사람으로 선택해도 좋다고 했다. 큰딸은 "기도할께요." 짤막하게 대답할 뿐이다.

"유정아! 21세기는 '여성의 세기'가 될 것이다. 세상은 성이 문제가 되지 않는 열린사회로 빠르게 변화되고 있다. 아빠는 능력 있는 딸이 믿음 때문에 많은 것을 잃어버리는 것이 염려스럽다"고 힘주어 말했다.

삶이란 관계이고 만남이지만 가족 보다 소중한 관계가 어디에 있겠는가.

'사람에 따라 슬픔 밑에 깔리기도 하고 슬픔위에 일어서기도 한다'고 미국의 시인 에머슨은 말했다.

훗날 나는 나의 영결식을 학교에서 할 것이다. 조의금도 받지 않고 장기는 기증해서 다른 생명이 살아가도록 할 것이다. 연약한 세 딸이 슬픔을 소화하기도 힘들텐데 일일이 조문객을 맞이하는 일은 측은하고 안타까운 일이기 때문이다.

시하바다의 시원, 역섬 앞 선착장 주막에 딸과 마주했다. 물큰한 갯내음이 코 끝에 그윽하다.

바다는 언제나 인간의 허물을 정화해주느라 풍랑을 맞고 해일을 일으키나보다. 바닷가에서 마주한 우리 부녀, 딸과 함께 스마트폰으로 찍는 사진을 메인 창에 다 올려놓고 카카오톡으로 메시지를 보냈다.

“잘 나왔어요. 아빠, 멋쟁이시다.” 그러면서 “나도 바꿔야지.” 하는 메시지가 스마트폰에 떴다.

다음날 카카오톡에 날라 온 메시지는 ‘주 예수를 믿으라. 그리하면 너와 네 집이 구원을 얻으리라.’ 못 말리는 큰딸이다.

화개장터 못난이 대회

남도의 영남 사람과 호남 사람이 섬진강을 가로 지르는 화개장터에서 민족 문화의 전통을 재구현하여 세계적 문화브랜드로 키워나가자고 김지하 선생님이 제안하여 영호남의 노래와 춤, 못난이 대회의 첫 번째 놀이를 시작했다.

소리와 춤으로 맥을 달리한 영호남의 이원적 형태를 재결합하에 새로운 장르의 문화 물결이 파도치고 강물이 되어 이곳 화개장터에서 우리나라 강산에 김지하 선생님의 화합과 상생의 담론이 횃불처럼 번져갈 것이다. 온 관중이 하나 되어 잘난 사람보다 못난이가 끼를 발휘하며 삶의 애한을 섞어서 생명의 소중함을 연출한다. 취지는 그렇게 출발했어야 했다.

그러나 고증 부족에다 빨라지고 템포화된 공연의 속성들 때문에 의도와는 달리 부족함이 많았다. 공동대회장을 맡았던 쌍계사 주지 휴봉스님과 아침 차를 같이했다.

예불 음율과 사당패 가락이 같습니다. 서민들의 삶과 애환을 노래로 만들어 절에서 보호해주고 잘 만들어 펴지게 했지요. 불교 휴먼에 근거한 휴봉스님의 말이다.

쌍계사의 眞鑑禪師大空塔碑는 최치원 선생의 친필이 새겨진 비이다. 어찌 그 역사가 일천하겠는가. 산세가 말해주듯 집채만한 은행나무의 노랑 빛이 눈이 시리도록 부셨다.

서둘러 대회장에 이르고 보니 김지하 선생님의 지시로 무대가 긴급히 철거되고 마당에서 행사가 진행되고 있다. 구례 · 하동에서 만들어진 특산품으로 음식이 만들어지고 신성한 영수로 지신제를 지내며 행사가 시작되었다.

이번 행사는 부산대 민족미학연구소 채희환 교수가 예술감독을 맡았다. 풍물놀이를 앞 세우고 대회사와 시낭송, 고천문 태우기로 이어졌다. 공동대회장인 나는 김지하 시인의 「형님」이라는 시를 낭송했다.

> 희고 고운 실빗살
> 청포닢에 보실거릴 땐 오시구려
> 마누라 몰래 한바탕
> 비받이 양푼갓에 한바탕 벌려놓고
> 도도리장단 좋아 헛맹세랑 우라질 것
> 보릿대춤이나 춥시다요
> 시름 지친 잔주름살 환히 펴고요 형님
> 있는 놈만 논답니까

사람은 매 한가지
도동동당동
우라질것 놉시다요
지지리도 못생긴 가난뱅이 끼리끼리

진상에 차려졌던 음식이 관중에게 양푼갓으로 돌려지고 神市 마고춤으로 행사의 막이 올랐다.

침틈과 영정사진, 화개장터에 많은 사람이 모여들고 마당에서는 가야금 병창으로 흥이 돋구어진다.

행사 시작전부터 하동 군수의 인사도 뿌리치고 토라진 김지하 선생님, 행사가 의도와는 다르게 변질되었다고 화를 내며 행사내내, 못난 놈 행사를 하라고 했더니 왜 그렇게 잘 해. 행사가 끝나고 귀경길 차 안에서까지 분노하셨다.

사당의 뿌리가 계보로 보면 탈춤이야, 야장이라고도 하지, 병 고치는 장소고 치료장이다. 학춤은 악귀를 몰아내는 것이고, 광대는 못난 것을 변명하는 것이다.

각설이 품바는 똥구멍 기로 힘을 모아서 움직여……. 뭘 알아야지!

김지하 선생님은 흥분을 넘어 분노다.

김호남 사장이 문화에 크게 투자해라. 아시아 한국에 기회가 왔다. 문화브랜드로 성공할 것이다.

심드렁한 나에게 제대로 된 문화의 판을 만들라고 촉구하신다.

섬진강 강줄기 따라 초록빛으로 짙게 이어진 산들과 섬진강 강물이 촉빛 물색으로 눈길을 끈다.

선생님, 바다 생명 문학관을 지금 설계중입니다. 선생님 조언대로 놀이마당을 만들고 글방건물을 설계하고 있습니다. 화원관광단지 선착장도 대상에 넣어 검토했는데 접근성이 안 좋아 압해도 송공리 쪽으로 결정했습니다. 마무리되면 선생님께 보여드리고 나서 허가 절차를 군과 협의하겠습니다.

나의 계획을 말씀드리자 김지하 선생님은 좋은 발상이다. 그렇게 합시다.

한때는 시가 총칼보다 강하다는 걸 일깨워 주신 분.

따뜻한 빛을 외면하고 살아온 선생님은 만고 풍상의 발자취로 놀라움과 깨달음의 세월을 위태위태하게 건너오셨다.

외롭고 씁쓸한 본인을 위로하며 우리 민족의 소중함과 미래를 힘주어 강조하기 위해서 이 행사를 제안했을 것이다. 푸른 산처럼 꿋꿋하여 하늘 높이 우뚝 서있기를 바랐던 선생님, 밖으로는 생명이요, 안으로 영성을 추구하신 분의 분노가 밉지 않게 여겨졌다. 선생님은 서울로 올라가셨고 나만 혼자 남았다.

때로는 바다 속 깊은 곳까지 거꾸로 내려가 잠기는 환희에 푹 빠져 해지는 줄 몰랐다. 달빛 어둑한 길 혼자일 때 외롭더니만, 다음에 뵈올 때 어떤 모습일까 궁금해진다.

이 아침에

신묘년 들어 목화송이 같은 눈이 수북수북 내려 설국(雪國) 속에 사는 분위기이다.

눈꽃세상의 순정한 새해는 희고 맑은 눈꽃으로 숲을 이뤄 눈부신 새 아침이 희고 밝아서 순결하기 그지없다.

눈으로 뒤덮힌 유방산 숲길을 보름이 넘도록 올랐다. 바사삭거리는 눈길과 무릎까지 빠지며 걷기 힘든 눈길을 한 발짝씩 옮겨놓기도 했다.

나무숲에 얹힌 눈이 스치는 바람에 무게를 털어내자 눈가루가 눈빛이 되어 쏟아진다. 이 눈꽃 세상에서 지인들도 행복하고 깨끗한 한 해를 맞이하도록 몇 마디 문자를 띄워 보냈다. 새하얀 눈길 위를 걷다 솟구쳐 일어나는 생각들을 정리하느라 상념에 젖으며 찬바람을 맞기도 했다.

어디로 가야하는가, 침묵으로 가야할 곳을 영적 능력을 빌어 직관해 본다. 평범한 생각으로 주저앉은 사람이 위대한 일을 성취하지 못하는 것은 심신을 관통하는 사유가 부족해서가 아니겠는가.

소리가 빛으로 막혀있는 마음을 소통으로 뻥 뚫어줄 행복한 시간을 얻고 싶었다. 가난하지만 행복한 그런 시간, 그러나 나를 에워 싸고 있는 욕망의 거품, 옭디옭은 여린 마음에서 오는 갈증으로 하늘을 보기가 부끄러웠다. 날카로웠던 행동도 가늘고 부드러워졌다. 체념한 듯 달관한 행동도 바람에 눕는다.

어느 해처럼 나는 새 마음으로 시작하겠다고 다짐했다. 언제나 처음처럼 미래를 맞겠다는 신념으로 새 출발하는 정신으로 걸으며 생각하며 뛰면서 행동할 것이다.

먹이 찾는 참새들의 날개짓이 가련해 보이는 아침, 조용히 내리는 흰눈, 눈 내리는 소리가 들리는 것 같은 고요하고 해맑은 새 아침이다. 1월 한 달 내내 이렇게 느끼며 살고 싶다.

봄은 얼어붙은 얼음장 밑에서 약동하며 강물처럼 굽이굽이 흘러내릴 것이다. 이렇듯 새봄은 가까이 오고 있는데 하늘에 잿빛구름이 짙게 드리워있다. 아침 햇살 맑고 따뜻하여 순결한 아침 내 마음은 두근거리고 봄은 벌써 가까이에서 소근거린다.

밝은 눈으로 글을 많이 읽게 해주십시오. 제발 필요 없는 말을 하지 말게 해 주십시오. 내 말에 상처받는 사람 없게 해달라고 빈다.

하늘은 아무 말도 하지 않는다. 그래도 사계절이 돌아가고 만물이 생겨난다. 물러섬의 예술을 표현한 말이다. 세상일에 달관하고 인생을 관조하는 과정에서의 경험일 것이다.

나뭇잎에 묻은 찬 기운을 손바닥으로 느껴본다. 상호 발전 · 상생하는 '소통'을 이루어 갈 때 회환과 눈물이 빛나는 꽃으로 필 것이다.

누군가의 말 한 마디에 비수처럼 찔려 죽기도 하고 믿고 사랑했던 이로부터 날아온 배신의 칼이 등에 꽂혀 죽기도 한다.

인연이 많았다. 우리가 스치면 베일 수 있는 칼날 같은 환경에서 살고 있다지만 세상은 그렇게 아픈 상처만 있는 것은 아니다.

순정하고 깨끗한 새 아침에 샘솟듯 훈기 넘치는 정신이 따스한 봄볕같이 새록새록 피어오른다. 동토의 땅에서 훈김이 발열하듯 조용히 살갑게 피워 오르고 있다.

이 아름다운 세상에서 새하얀 눈으로 정화된 몸과 마음으로 나는 또 새아침을 맞는다.

만학의 꿈을 도와주신 분들에게

무자년 한 해가 힘차게 밝았습니다.

'아무리 굽은 길도 바로 가면 펴진다'는 말을 금년 화두로 삼고 싶습니다.

지난해 지역 기업의 한계를 극복하기 위해 전국화 사업의 가능성을 열어놓고 부단히 노력했지만 가능성만 확인한 채 은탑산업훈장의 수훈으로 회사의 검증과 영광을 얻는데 만족하였습니다.

매일같이 짜여있는 일정을 탄력있고 효율적으로 쪼개서 대학원에 진학한지 3년, 교과이수 과정보다 논문을 제출하고 심사받는 과정이 평생 경험해보지 못할 특별한 기회였기 때문에 감동은 물론 보람 또한 컸었습니다.

겸손하고 겸허하지 않으면 느낄 수 없는 것이 바다입니다. 해양역군의 꿈을 키워가는 희망의 캠퍼스, 정박된 새누리 실습선은 금방이라도 뱃고동 소리를 울리며 힘차게 파도를 헤치며 나아갈 듯 가슴이 뜨거워지고 일렁거렸습니다.

앵카탑에 새겨진 '나는 바다를 사랑한다'는 문구가 해양의 기상을 일깨우며 포기하려는 마음을 붙들어 주었습니다. '명경지수'라는 애칭으로 존경받는 친구 이준곤 교수에게 자문해서 물류공부를 체계적이고 학술적으로 정리해보고 싶다고 등록한 곳이 해양운송시스템학부입니다.

김형근 지도교수와 '목포항 크루즈터미널 개발 방향에 관한 연구'를 논문 제목을 정해 놓고 '바로 이것이구나' '할 수 있겠다'는 자신감에 떨 듯이 기뻤습니다.

논문제출 자격시험인 영어과목에서 과락을 했을 때 앞이 캄캄하고 막막했습니다. 6개월간 공백은 또 많은 변화를 나에게 안겨주었습니다.

김형근 교수가 휴직을 하고 노창균 교수로 지도 교수가 인계되었을 때, 어떻게 마무리 할 것인지 예측을 못할만큼 불안했습니다.

그러나 젊음과 함께 열정적이고 학구적이며 의욕이 넘치는 박성현 교수의 격려로 영어 재시험을 통과하고, 노창균 교수의 지도로 본격 논문지도에 임하게 된 6개월, 목포대에서 학술발표를 성공리에 마치고 논문에 설문과정을 추가시키면서 나는 연단되기 시작했습니다.

노창균 교수는 당근과 채찍을 온화롭고 엄격하게 조율시키면서 훌륭한 논문, 부끄럽지 않은 논문, 누가 보아도 인정받을 수 있는 논문지도에 섬세하고 치밀하게 일러주고 메모해주며 많은 문헌 자료를 넘겨주고 반복적인 확인으로 논문의 골격을 만들어 갔습니다.

땅거미가 짙어가는 초겨울, 지도를 받던 나는 너무 힘들어서 더 이상 진행을 못할 것 같았습니다. 지쳐 맥 빠진 푸념도 했었습니다. 그러기에 난산 끝에 옥동자를 분만한 기쁨은 오래도록 기쁠 것 같습니다.

배우는 사람의 도리로써 교수님의 가르침을 생각하면 한없이 존경스럽고 경외스럽기까지 합니다.

"나이가 들었기에 힘들겠지만 그래도 합시다."라는 격려와 배려가 없었다면 불가능했겠지요. 특히 좌장격인 심사위원장 기회원 교수는 인격과 세상 경험이 풍부해서인지 눈물이 핑 돌만큼 내 입장을 잘 이해해주고 이끌어 주셨기에 가슴이 뭉클할 때 또한 많았습니다.

이 모든 진행에 우리 회사에 근무하는 해양대 졸업생인 최유진 씨가 없었으면 진행되기가 어려웠을 것입니다. 비단결 같은 마음으로 연구에 도움을 준 최팀장과 유진이 남자 친구에게 한없이 감사 드립니다.

a late learner 60. 耳順의 나이에 붙여진 존칭이 싫지 만은 않습니다.

"학교에 가십니까?" 존경스런 표정으로 고운 목소리로 배웅했던 아내에게도 그 배려와 격려에 보람을 가득 담아 입 맞추고 싶습니다.

나는 사회에서 가치있는 사람으로 남고 싶었으며, 영향력 있는 사람이 되자며 성공한 인생을 살아야겠다고 자신을 일깨우고 추스러 왔습니다.

내가 소중하게 기획하고 연구한 논문이 황해권시대를 열어 목포항 발전에 기여할 수 있기를 소망하고 염원합니다.

공부에 소중함을 일깨우며 책을 읽는 것이 마음이 정화되고 외롭지 않다고 메모하고 글로도 옮겨 봅니다.

'學而時習之 不亦說乎' 전 김대중 대통령 당시, 청와대에 만학도로 초청되어 축하받고 공부의 한을 풀었던 누나에게 가장 어울리는 문구입니다.

오랫동안 건강하게 살아주시길 소망하는 우리 어머님, 행사에 갈 때는 '옷 잘 입고 가거라.' 자식에게 정의롭고 비겁하게 살지 않도록 일깨워 주신 어머님의 사랑 또한 감사드리고 이 논문을 어머님이 매일 만져보시며 더욱 건강하게 활력 넘치는 생활이 계속되었으면 합니다.

크루즈 부두가 건립되고 크루즈 선박이 뱃고동 소리 울리며 파도를 헤치며 나아가기를 소망합니다.

20세기 어린이들의 꿈이 '디즈니랜드'에 가보는 것이었다면 21세기 아이들은 '디즈니크루즈'를 외칠 것입니다.

홍콩 바다를 배경으로 톰 크루즈가 출연한 영화 '제리 맥과이어'가 갤럭시호 선상에서 시사회를 가져 여러 사람이 부러워했던 장면이 눈에 아른거립니다. 목포대교를 배경으로 용머리를 감아돌며 유달산을 배경 삼은 크루즈 선의 장관이 목포항에서 찬란한 불빛을 밝힐 날이 멀지 않을 것이라고 믿습니다.

고향을 잊지 말자

"어쩌다 이런 일이……."

하면서 말을 잇지못하고 피곤이 짙은 노색이 짙은 피곤에 굳게 입을 다문 김대중 전 대통령 표정을 시청한 호남 사람들, 목포 사람들의 착잡한 심정과 안타까움은 어느 국민보다도 더 했으리라.

아일랜드 시인 윌리엄 에이츠는 모든 "책임은 꿈에서 시작된다"고 했다. 햇볕정책으로 이어진 대북사업. 국가와 민족의 장래를 위한 이상이 특검으로 내몰리고 당시 국정 책임자들의 구속은 참담했다. 비무장지대가 열리고 남북이 가로막힌지 50년을 열어제친 대북사업의 사업주체 CEO가 자살이라는 극단적인 방법을 선택했다. 감당할 수 없는 환경과 이상적인 사업 한계를 인정하고 삶을 포기한 극명한 사건 앞에 우리가 판단해야 될 역사적 평가는 당분간 거론키 어렵다고 국민은 탄식했다.

우리 시민들은 그래도 퇴임한 대통령의 건강과 심기를 걱정하는 분위기가 완연했다. 우리가 그 분을 사랑하고 존경하여 힘을 모으고 역량을 결집해서가 아닐 것이다. 그것은 지역민들의 애정이요, 그 분과의 인연을 소중히 간직하자는 사람들의 자존심이기도 할 것이다.

목포가 배출한 어르신, 이렇게 부르는데 나무랄 시민은 없을 것이다. 어르신께서는 내 고향 목포를 한없이 자랑스럽게 생각하고 존경하는 마음을 늘 가지셨다. 그러므로 목포 시민에게는 "전 생명을 바친 사랑이요, 피흘린 전우애로 결부된 사랑이다." 라고 표현할만큼 목포를 사랑하셨다.

『史記券61』 '伯夷列傳'에서는 나라와 하나의 군주를 섬겨야 하며 자식된 자는 부모에게 효도를 철저히 해야한다고 하였다. 나라를 지키고 고향을 아끼고 가족을 보호하는 것이 충효의 근본일 것이다. 이 고장 목포도 어른들을 모시는 분위기 또한 남다른 예의가 전통적으로 배어있어 위계질서가 다른 고장과 비교가 될 수가 없다.

나는 퇴임하는 대통령을 고향에 모시고 살고싶은 소박한 시민들의 바람을 2003년 1월 8일자 신문에서 언급하였다. 우리들 기억에 영원히 살아있을 그분의 여생과 세월을 두고 부끄럽지 않는 고향 목포를 대통령의 주소로 하면 좋겠다는 제하의 기사를 언급하였다.

그때의 분위기나 지금 상황이 무엇이 다를까마는, 노벨상 수상기념센터나 DJ기념관은 국민들이 원하는 정서에 맡기고 그저 우리는 어르신이 넬슨 만델라 남아공 대통령처럼 때로는 인권문제로, 국가를 초월한 외교관이 되길 소망했다. 그래서 만델라가 만델라 상품을 마인드로 구축한 것처럼 건강하고 활기찬 활동을 전개하여 세계 속의 어두운 곳, 얼어붙어 있는 지역에 세계의 어른으로서 노력을 해주셨으면 하는 바람을 가졌다. 미국 카터나 클린턴 대통령처럼 퇴임 후 고향에 주소를 두고 경륜과 지혜를 지구촌에 펼쳐 국민들의 가슴속에 살고 마음에 묻히기를 소망하였다.

국민의 정부, 정권하에서의 목포는 성공한 도시도, 발전한 도시도 아니었다. 정치지도자 김대중을 맹신적으로 따르고, 대통령을 배출한 기쁨으로 만족하며 사는 시민들의 마을에 불과한 목포였을 뿐이다.

이제 전남도청 이전과 남악신도시 개발이 본격화되어 신해양도시, 동북아 황해권 거점도시로 전남 발전의 미래축을 형성하는 도시로 거듭 태어나 포효하게 될 것이다.

퇴임한 대통령에게 사랑과 충효에 근거한 시민들의 애정이 함께 했을 때 진정한 목포의 가치와 자존심이 부끄럽지 않은 유산으로 남아, 후일 온 국민이 찬사를 보내고 박수를 칠 것으로 생각한다.

성경에도 "네 시작은 미약하였으나 네 나중은 심히 창대하리라!" 하였으니, 부디 기도하옵건대 건강한 몸과 고향을 사랑하는 마음으로 당신의 꿈이 시작된 도시, 따뜻한 고향의 인심과 훈훈한 인심을 느끼시기를 우리 모두 기대하는 것이다.

JC 전남 축구대회 소회

나와 축구와의 인연은 군대생활에서 시작되었다.

나는 논산훈련소 소본부 인사처 사제과에서 근무했다. 기획을 하고 종합자료를 만들어 차트화 시키는 임무가 일상 업무이다. 훈련소 각 연대에서 올라 온 보고자료를 종합하고 지침을 내려서 각종 이행상황을 분석하고 계획하는 것 또한 중요 임무 중에 하나이다.

예를 들어 헌병대에 군풍기 건수를 계획 대비, 각 부대가 어떤 위반과 실적인가, 휴가 계획 대비, 연중 휴가 실시와 진행을 체크한다던지 주로 훈련소장이 필요한 종합자료를 수합해 보고 하는 것이다.

주요 업무는 각 연대 대위급 서무과장들과 연계된 행정처리가 많았는데 보고서 수합, 지침하달 등의 문건을 타자로 문서화하여 발송한다.

1970년, 부대에 처음 들어온 스미스코로나라는 영자 타자기는 한글과 병행해서 글자판이 배치되어 있는 최첨단 타자기이다. 이전의 공병우 한글 타자기와는 비교될 수 없을 정도로 성능이 좋아 자판에 손을 올리면 피아노 건반을 두드리는 소리보다 더 부드럽고 조용해서 날줄이 바뀔 때마다 드르럭하는 소리가 어찌나 경쾌하든지 상큼하고 기분이 좋았다.

나는 사제과에 오기까지 사연이 좀 있었다. 원래 훈련소 대기병으로 있다가 스카웃되어 인사처 장교계 대기병으로 있었다. 국중호라는 병장 밑에서 조수를 했다.

하지만 필수요원 요청이 잘못되어 연대 주번병으로 배속되고 23연대 7중대 이등병으로 군대생활 했다.

주번병은 훈련병들의 밥과 국을 식당에서 수령에서 배급하는 것이 임무인데 마지막 순번이 국솥과 밥솥을 닦는 것이 관례였다. 부지런한 나는 새벽같이 깜깜한 밤중에 훈련병을 깨워 식사를 타오기위해 발군의 리더쉽과 간결한 행동으로 인기와 시간을 절약하는 능력을 보였다.

그러나 이 생활은 장교계 대기병과는 하늘과 땅의 격차가 있어 틈만 있으면 다시 인사처로 가서 행정능력을 배울 수 있는 보람을 얻을 수는 없을까? 고민하면서 인사처로 가는 것을 목표로 삼고 있었다.

그러던 어느날 기회가 왔다. 중대장은 틈이 있으면 나와 함께 바둑을 두었는데 끝나면 어려움을 묻곤했다. 나는 자연스레 가정형편과 생활의 연고지와 지역 배경을 얘기했고 개에 관심이 많은 중대장은 나의 고향 목포가 진돗개의 고향 진도와 가깝다는 사실에 휴가 가면 진돗개를 한 마리 가져올 수 있냐고 묻는 것이다.

이런 연유로 일주일간의 휴가를 가게 되었고 휴가는 꿈같이 지나갔다. 귀대일이 가까워지고 친구들에게 진돗개를 구해야한다 전하자 친구들이 합심하여 도와주었다. 몇 명의 친구와 전매잔교로 향했다. 잔교 앞에서 개장수들이 20~30마리씩 새끼를 팔고 있었는데 그중에서 검으면서 코가 축축하고 발바닥이 검고 발톱이 건강하게 생긴 녀석을 골라 귀대 준비를 마쳤다. 그러나 무언가 섭섭했다. 인사처 대기병 때 만났던 국병장에게 찾아가고 싶은 마음이 생긴 것이다. 파카만년필을 준비했다.

잘 고른 개는 부연대장실에서 귀염둥이 역할과 순종의 도리를 다했고 나의 공로는 잔잔한 화제가 되었다.

연대 인사과에 근무할 수 있는 기회가 주어지고 있었으나 내 미련은 오직 인사처였다. 가까스로 틈을 내 소본부 인사처로 가서 국중호 병장에게 하소연했다. 행정도 배우고 기획도 해보고 싶다는 간절한 소망이 인사참모에게 전달되고 나는 필수요원이 되어 인사처 사제과로 전출되었다.

빠른 업무 적응에 능력도 인정받고 여유도 생겨 상병으로 진급하였다. 제법 의젓해졌고 모든 생활에 탄력도 생겨서 근무에서 누릴 수 있는 갖가지 취미와 미세한 권한까지도 갖게 되었다.

이즈음 정봉욱 훈련소 소장은 본부요원들에게 축구시합을 시켰고 청자 담배를 우수선수에게 선물하기도 했다.

1970년대, 청자 담배는 최고급 담배였다. 일반 신분으로는 구경조차하기 힘들었다. 이 청자 담배를 받는 기쁨도 누려보았다.

수영과 권투, 유도로 조련된 나는 발이 빨랐고 기술은 부족했지만 열심히 뛰는 선수로 팀 분위기를 이끌었다. 소장 눈에 띄기에 충분했던 것이다.

한번은 포상 휴가까지 걸린 체육대회에서 육상 100m 종목의 달리기 선수로 출전하였는데 작은 신장에도 열심히 달려 발이 안 보이더라고 칭찬받기도 했다.

이런 과정 때문에 축구에 대한 애정은 대단했고 목포JC에 입회해서도 축구시합에 선수로 출전하면서 기량이 향상되었음은 물론 목포 조기 축구 클럽에 등록하여 더욱 선수에 가까운 기량으로 일취월장하였다. 나는 JC지구축대회에서 우승을 하는 것이 소망이였고 그런 준비와 계획을 항상 목표로 하였다.

기회가 왔다. 기업은행에 근무하는 허양구를 비롯 항운노조의 오행택 등 5,6명의 젊고 직업 또한 확실한 후배들을 JC에 입회시키고 선수로 등록시켜 조기축구로 훈련을 다졌다. 매일 식당을 하시는 어머니 집에서 해장국으로 식사를 해결하고 합숙도 했다.

우리는 강팀이 되었고 함노수 형님이 회장 당시 준결승까지 파죽지새로 다른 팀을 물리치고 진출했다.

83년 전남 지구 축구대회 준결승에서 추첨 탈락한 우리팀은 망연했고 눈물바다였다. 함노수 회장은 이성을 가름하지 못할 정도로 흥분했고 경기장은 아수라장이 되었다.

준결승에서 광주 JC와 마주하게 되었다. 그런데 친구 한수언이 목포에서 JC생활을 하다가 광주로 이적했는데 이 친구가 광주를 우승시키겠다고 열정을 쏟아 우린 친구끼리 적이 되고 말았다.

그 중심 인물이 수언이라는 섭섭함 때문에 회장이 친구가게에 설탕을 뿌린 것이 화근이 되었다. 이전 결승전에서 여수에게 광주 JC가 양보한 것이 도화선이 되어 싸움이 벌어졌다. 고소사건까지 진행되었다. 함노수 회장은 제명처분을 받았으나 복권되었다.

이런 배경과 과거 행적을 마무리하고 JC의 화합을 이루겠다고 주관한 행사가 85년 전남 JC축구 대회였다.

나는 지성이면 감천이라고 열심히 뛰어다녔다. 전남 지구를 누비면서 대회준비에 열 성을 다했고 치밀한 계획과 행사준비로 지구 역사상 최다수 회원의 참석이라는 놀라운 성적을 보였다. 이때 중앙 회장 자격으로 참석한 문희상 회장을 비롯, 전회원이 목포역 앞에서 목포상고까지 시가 퍼레이드를 할 정도로 열기가 대단했다. 비서실장과 당의장까지 노무현 정부에서 지낸 경력으로 열우당 목포정당 연설회 때 본인이 목포를 처음 방문한 계기가 JC축구 대회였다며 목포를 기억하고 사랑하는 마음을 전달할 정도였다. 전회원들의 입장식은 사열로 진행되었고 당시 안주섭 목포시장이 JC가 이런 단체냐고 극찬하며 JC활동을 이해하고 격려하였다. 그 해 日本別府 JC 자매행사까지 성공리에 치룬 공로와 젊은 대표성을 인정하여 나를 시정자문 위원까지 시켜줄 정도로 애정과 관심을 보였다.

30년이 다 지난 젊은 시절의 이야기지만 기억되는 교훈이 두 가지가 있다. 이날 격려사를 했던 문희상 회장이 만세 삼창으로 격려사를 대신하여 장시간으로 이어지는 행사에 탄력과 감동을 심어준 것이 첫 번째요, 別府JC에서 600여명의 소년 · 소녀 학생들과 함께 방문한 교육장에게 교육철학을 물었더니 조직에서 이탈해서는 안되는 점을 신념으로 지도한다고 말했던 표정이 떠오른다.

책임감과 공명심이 많아 가정과 사업을 팽개치고 양대행사와 오직 JC 역사에 남는 족적을 남겨야 한다는 사명감 때문에 사업은 엉망이 되었다, 가정을 소홀히 할 때 아내는 강렬한 신앙심으로 주님에게 의존하게 되었다. 잃은 것도 많지만 얻은 것도 있어서 그 광범위한 인맥과 역량개발은 좋은 인연들을 갖게 되어 건설업에 진출하는 계기가 되었다.

처음처럼 좋은 관계로 이어질 인연이 대립과 악연으로 고통스런 시련을 맞이한 아픔도 있었다.

처음으로 돌아가자. 돌아가서 가슴을 열고 마음을 열어 겸손하게 이해를 구하고 설혹 상처를 입었던 마음에 위로를 보낸다면 진실로 선함과 인자함으로 손잡고 그때는 그랬었노라고 웃을 수도 있을 것이다.

'높이 나는 새는 무게를 버려야 더 높이 날 수 있기에 뼈 속까지 비운다.' 하늘을 나는 새 한 마리가 무심히 가르치는 이야기이다. 이 글귀가 30년을 더 솔개의 삶으로 살고픈 의욕과 계획 앞에 회상되어진다.

도 둑

도척(盜跖)은 중국 역사상 가장 유명한 대도(大盜)였다. 「장자」 '도척'편에 그는 졸개 9천명을 거느리고 천하를 횡행하며 제후의 나라들을 침략하고 노략질하였다고 기록하고 있다. 이익을 탐하여 친척도 잊었고, 부모 형제도 돌아보지 않았으며, 남의 집에 구멍을 뚫어 털어가고, 남의 소와 말을 몰아가고, 부녀자를 붙들어 가 백성들이 그 때문에 고통스러워했다.

더욱이 도척의 사람됨은 그 마음은 솟는 샘물 같아 지모가 끝이 없고, 뜻은 회오리바람처럼 사나우며, 굳셈은 적을 막아내기에 넉넉하고, 말재간은 자기의 비행을 정당화시키기에 충분하였으며 사람의 간을 회쳐먹기까지 하였다.

공자는 그의 형 유하계와 친구였다. 평소에 '군자유어의 소인유어리(君子喩於義 小人喩於利-군자는 義에 밝고 소인은 利를 밝힌다)', '견리사의(見利思義-利로운 것을 보면 義로운가 생각하라)'를 말해왔던 공자로서는 유하계의 만류에도 불구하고 친구의 동생을 바른길로 인도하여 천하에 해악을 끼치지 말도록 설득하러 나서게 되었다.

그러나 도리어 도척에게 무섭게 공박을 당하게 된다. 공자가 이른바 적반하장(賊反荷杖)의 꼴을 당한 것이다. 게다가 「장자」 '거협'편에서는 도적질에 대한 일말의 뉘우침은커녕 도둑에게도 다섯가지 도(道)가 있다고 떳떳하게 늘어놓는 것이다.

첫째, 귀중품이 어디에 감추어져 있는가를 알아맞힘은 성(聖)이요.

둘째, 도둑질 나갈 때 앞장서는 것을 용(勇)이라 하고,

셋째, 동료들을 먼저 보내고 뒤늦게 나감을 의(義),

넷째, 훔칠 때와 훔치지 말아야 할 때를 아는 것이 지(知)요.

다섯째, 훔친 물건을 공평하게 분배하는 것을 인(仁)이라 해서 도둑에도 도(道)가 있다는 것을 성(聖), 용(勇), 의(義), 지(知), 인(仁)의 덕목에 비유해서 세상 사람들의 허위와 가식을 기롱한 것이다.

무슨 기관이든 독점권이 있으면 우월적 지위를 악용하는 비리가 횡행하고, 삼켜서는 안 될 나랏돈을 멋대로 슬쩍하는가 하면, 도척만도 못한 파렴치하고 뻔뻔한 도적질이 거리낌 없이 자행되고 있어 그 위험 수위가 극에 달하여 사회전반에 만연 돼 있음을 볼 수 있다.

세상을 살다보면 도둑맞는 삶을 산 것으로 착각할 때도 있고 유혹에 자유로울 수도 없는 것이 요즈음 세태이다. 누구를 탓할 수

도 설득시킬 수도 없다는 것, 그리고「장자」'거협'편이 시사하는 도둑의 도(道)를 오히려 눈 여겨 보아야만 될 세상이며 바로 요즈음 사회를 들여다보는 것 같다.

나는 거의 매일같이 유방산을 오른다. 유방산에 오르는 길에 산에서 친구를 만나곤 하는데 나는 "자네는 밭을 가는 교수야" 하며 덕담도 건넨다. 교수 친구 밭에는 상추며 고추, 깻잎과 가지 등 식탁에 오르면 신선한 먹을거리가 될 만한 야채들이 이슬을 머금고 땡땡이 자라고 있어 눈길이 먼저 간다.

사전에 친구의 허락으로 상추와 고추를 따던 중 근처 밭에서 일을 하던 사람이 "거 누구요?" 한다. 나는 놀라 "김교수 친구요" 했다. 그러나 그는 대뜸 주인도 없는 밭에서 상추를 따면 도둑 아니냐고 했다. 나는 화가 나서 뭐가 어째하면서 언성이 높아지고 서로 멱살을 잡고 싸움을 하기에 이른다. 순진한 아내가 옆에 있다가 놀라 나를 잡고 참으라고 하는 순간 서로 몸을 밀치다가 내가 넘어졌다. 자존심이 상한 나는 순간 열이 더 오르면서 위치를 정비하고 지형을 살핀 다음 유리한 자세와 노련한 경험을 동원해 상대를 몸에 감아 내쳤다. 상황은 완전히 반전되어 내가 올라타고 목을 누르는 순간 나를 자신의 아들한테 일러서 혼낸다고 한다. 오냐! 그래라하며 나는 목을 더 조이고 몸을 제압하여 압박시키니 그제서야 그만합시다. 한다.

지나가는 사람이 말리고 아내가 어쩔 줄 몰라 하는 상황에 아무리 화가 난다고 더 계속 할 수가 없었다. 집에 와서 땀에 흠뻑 젖은 몸을 씻고 나니 조금 진정이 되고 차분히 마음이 가라앉기 시작한다. 아내가 그런 일로 싸움까지 하냐고 한심하다는 듯 쳐다본다. 왜! 그 사람이 딸 밖에 없는 나에게 자기 아들한테 일러 혼낸다는 말에 흥분했다고 의기양양해 했다.

도둑이란 말에 몸싸움까지 벌인 에피소드이다. 세상에는 유혹하는 일들이 도처에 널려있다.

뭇사람들이 도둑의 유혹에 자유로울 수 있을까하는 의문이 든다. 정당한 사연과 여건이 주어졌더라도 훔친다는 것은 부끄럽고 사회에서 지탄을 받을 일이다.

얼마 전 서울 백화점에서 모 여성 시의원이 스카프를 훔친 것이 영상과 기사로 나와 화제가 된 적도 있고, 금액이 적다고 회사 돈을 개인 용도에 쓰거나, 일과 시간에 개인 투자 체크를 하는 일은 큰 화를 불러 올 수 있다.

또 최근 삼성 이건희 회장이 그룹 내의 부정과 도덕적 회의를 더 이상 방치할 수 없다고 사장을 해임시켰다는 뉴스를 보면서 내 회사는 안전한가하고 생각해봤다. 우리들이 사는 세상은 곳곳에서 훔치고 싶은 유혹이 널려있다.

세상의 질서를 지키기 위해 우리는 줄곧 자라면서 교육을 받고 성장한다. 그래서 해야 될 일과 안 해야 될 일을 지키면서 생활하고 있다.

사업을 하다 보니 때론 잘 봐달라고 감사의 표시로 돈을 주고받기도 하지만 받고 나면 왠지 부담스럽고 꺼림직하고 재수가 없어 돌려주거나 불우이웃돕기 및 장학기금으로 내놓는다.

본인은 예의를 갖추고 아무리 대가성이 없다고 해도 고마운 생각이 안 든다.

남의 밭에서 고추만 따도 심장이 빨라지거나 얼굴이 붉어지는데, 이 정도는 괜찮겠지 하고 주머니에 담는 것도 버릇이 된다. 때론 아무리 눈길이 가고 보편적 상식으로 용인이 될지라도 내 것이 아니면 그냥 지나치고 돌아서야 하는 것이 의로운 마음이요, 올곧은 처신이다.

그것이 정신과 내 생활을 정화시키고 행동을 바르게 하는 것이 되기 대문이다.

비 오는 날

일본 후쿠시마 원전사고로 인한 방사능 오염에 대해 국내에서도 우려와 불안감이 커지고 있다.

극미량이긴 하지만 대기에서 방사선 요오드와 세슘이 검출된데 이어 8일에 비소식이 있는데 '방사능 비'를 염려하는 목소리가 넓게 퍼져있다.

인터넷이나 트위터 등에는 일본에서 유출된 방사성 물질이 6일께 한반도에 몰려오고, 7일에는 우리나라 남해안 지방이 후쿠시마 남쪽 지역과 비슷한 농도를 보일 것이란 독일 기상청의 발표라면서 인터넷에 돌았다.

방사능에 효능이 있다는 소금, 다시마의 사재기가 벌어지고 수산물 소비 위축이 가시화 되고 있다. 정부에 대한 국민의 불신은 커지고 있어 냉정한 대응이 요구되는 형국이다.

내가 사는 아파트에는 근우회라는 골프모임이 있는데 방사능비로 인해 모임취소 연락이 왔다. 그렇지 않아도 베아채 스위트 계약 마감일이기 때문에 부득이 참석이 어렵겠다는 말을 전하려고 했는데 잘 됐구나 싶었다.

문득 비에 대해 생각해 보았다.

어린 시절, 일부러 비를 맞으며 거리를 미친 듯이 돌아다닌 적도 있었고 철철 내리는 빗줄기를 온 몸에 맞으면서 고기값 수금도 했었다. 백사장의 물새처럼 대책 없이 비에 젖는 꼴이었다. 교모에 흘러내리는 빗물은 뚝뚝 떨어지다 못해 온몸에 배어 축축했었다. 몸 전체가 물에 빠진 생쥐 꼴이 되어 바르르 떨면서도 신이 났고 후련했다. '비야 내려라 강물처럼' 감상적인 생각으로 미친 듯이 거리를 돌아다니며 영화의 주인공 같은 착각에 빠져들 때도 있었으니 지금 생각해보면 참 우습고 황당하기 그지없는 처지였다.

비를 맞는 즐거움은 반항이자 자신을 처절하게 몰고 가는 타락이었다. 그렇게 헤매다 날이 개면 무지개는 왜 안 뜨는지 하늘을 원망하기도 했다. 철없는 날의 기억치고는 너무 부질 없었던 지난 이야기이다. 봄바람 꽃바람에 가슴에까지 꽃물이 들까 말까 노심초사했다.

오늘은 베아채 스위트 계약 마지막 날이다. 사장과 비선에서 움직이는 학교 행정실장을 불러 85%계약 목표 가능 여부를 점검하고 대책을 논의하면서 비까지 뿌려, 혹 어떤 영향이 있지 않을까 염려스러워 일처리를 깔끔하게 해달라 당부했다. 김대표의 자신 있는 얼굴을 보니 불안스런 부분이 없어 다행이다 싶었다.

물소리도 가랑비에 젖을 듯 이렇게 비가 내리는 날 나는 글을 쓰자고 작정하여 걱정을 떨쳐 버리고 정신을 집중하는 것도 좋을 듯해서 펜을 들었다. 분양 대행사들의 활기찬 움직임으로, 직원들의 바쁜 몸놀림 등으로 짐작컨대 실망스런 결과는 안 나올 것이라고 믿어지지만 어떤 변수와 이외의 결과가 항상 도사리고 있기 때문에 마음을 놓을 수가 없는 것이 세상이다. 철새나 연어처럼 떠나는 사람들의 빈 자리는 늘 공허하고 쓸쓸하다.

후배가 찾아와서 근화건설이 광주에 소문이 짝 퍼졌다는 것이다. 근화건설이 남악 신도시에 일냈다고 하면서 저력과 분양 성공에 찬사를 보내고 있다고 전한다.

이런 대화를 글로 옮겨 보지만 언어를 다루는 순발력도 떨어지고 감각도 무딘 것 같아 펜을 놓을까 망설였다. 하지만 새로운 도전과 꿈을 만들어 가기 위해 결과에 무게를 두지 않고 써본다.

지나온 어느 때보다 배움을 통해 삶의 활력을 찾으려는 노력이 빛나고 이순의 나이에도 노력하고 사는 모습이 보기에 좋다는 격려에 고무되기도 하고 때론 칭찬도 받고 있다는 사실이 용기도 되고 있다.

어떤 가능성을 찾는 작업이나 일 때문에 흥분으로 긴장된 삶의 괴로움을 조금이라도 상쇄할만한 힘이 글쓰기로 아직 나에게 존재하는 것 같다. 이렇게 비가 내리는 날이면 더욱 그러하다.

쓰고 읽는다는 것, 글이란 읽으면 읽을수록 사리를 판단하는 눈이 밝아진다. 또한 좋은 글은 삶의 기쁨과 생기를 불러일으킨다. 또 나를 안으로 여물게도 한다.

이런 날, 내가 쓴 글을 읽고 생각해 보는 시간은 값지고 귀하다.

새들은 함부로 집을 짓지 않는다

지난 3월 꽃샘추위가 한창일 때 창문 밖 호리호리한 메타세콰이어 윗부분에 까치 두 마리가 분주하게 움직이는 것이 보였다. 일요일 오후라 가족들이 한가하게 이야기를 나누는 시간이라 여간해서는 새들의 움직임에 대해 관심을 갖지 못할터인데, 내 눈에 심상치 않는 새들의 움직임이 포착되었다. 지난 해 봄날 이후 거의 1여년 동안 방치해 둔 집이라서 많이 헐었을 까치집을 암컷과 수컷이 번갈아 가며 어디선가 작은 나뭇가지를 물어와 얼기설기 보수하는 것이다.

까치가 집짓는 것을 처음 보는지라 호기심이 발동해 며칠 동안 살펴보았다. 어디서 물고 오는지 고만고만한 굵기의 나뭇가지와 나무뿌리를 슬렁슬렁 놓는 것 같은데 견고하고 짜임새 있는 집이 되어가는 것이다. 새들은 누구에게 배우는 것도 아닌데 어쩌면 저렇듯 훌륭한 집을 짓는지 신통방통한 일이었다. 그들의 핏속에 흐르는 어떤 법칙이 있는지 참으로 불가사의한 일이 아닐 수 없다.

그로부터 이십 여일 후 엄청난 황사와 더불어 큰 비바람이 불었다. 밤새 창문이 흔들거리고 바람소리가 대단했다. 나는 까치집이 걱정이 되어 잠을 설치며 어둠 속에서 바람에 요동치는 메타세콰이어의 까치둥지를 주목했다. 거세게 흔들거리는 까치집에 앉은 까치가 머리를 내밀고 불안한 듯 자꾸 움직이는 것이 보였다. 다음날도 궂은 날씨는 쉽게 좋아지지 않고 비바람이 거세게 휘몰아쳤다. 오후에야 날씨가 잔잔해졌다. 까치는 지난 밤 비바람 속에서 목숨을 걸고 알과 집을 지켰던 것이다. 그리고 날씨가 잔잔해지자 또다시 조금 흐트러진 둥지를 보수하기 위해 한동안 나뭇가지를 물어 나르는 것이 목격되었다. 이처럼 까치는 집에 대해 대단한 정성을 들인다.

집에 대한 정성은 까치뿐만 아니다. 대부분의 새들은 함부로 집을 짓지 않는다. 그 중에서도 사람 가까이서 살아온 제비는 처마에 집을 짓는다. 부드럽지만 찰기 있는 흙을 물어와 지푸라기를 섞어 차곡차곡 흙을 쌓아 견고한 집을 짓는다. 그 정성이 지극해 어지간한 사람들보다 훨씬 낫다. 또한 제비들은 공중에서 잠자리를 낚아챌 수 있는 정교한 눈과 민첩성을 가진 새답게 구석구석 빈틈없이 섬세하게 집을 짓는다. 사람의 눈으로 봐도 한 치의 오차도 없는 나름대로의 원칙을 적용해 그들만의 주거형식을 완성하는 것이다. 뿐만 아니라 제비들은 제비집 바닥에 연약한 새끼들을 위해 어디선가 새털을 물어와 깔기도 한다. 어떤 때는 자신의 속깃을 뽑아 양탄자처럼 푹신하고 아늑한 공간을 연출한다.

물총새도 까치나 제비처럼 온 몸으로 집을 짓는다. 물총새의 길고 검은 부리는 튼튼한 곡괭이며 삽이다. 물가의 숲속 언덕이나 절벽에 구멍을 파 집을 마련하는 물총새는 내외간에 번갈아가며 곡괭이질이며 삽질한다. 별로 크지 않은 몸의 어디에서 힘이 솟구치는지 사람 어깨가 다 들어가는 깊이까지 몇날 며칠의 중노동으로 구멍을 판다. 마치 탄광 막장에서 탄부가 탄을 캐듯 흙을 파서 밖으로 물어내는데 맨 안쪽엔 보다 넓은 공간을 확보한다. 그 언제든지 누군가 다시 쓸 수 있는 안전하고 견고한 집을 짓는 것이다.

올봄, 하찮은 새들이 나를 부끄럽게 하고 많은 것을 생각하게 한다. 만물의 영장이라는 사람들 중에 부실공사로 집을 지어 수요자들에게 재산손해나 실망을 안겨주는 경우가 많았던 것이 사실이기 때문이다. 물론 최근엔 그런 경우가 드물어졌지만 마치 내집 짓듯 정성껏 집을 짓는 건축업자가 되어야 할 것이다. 집을 바라보는 많은 수요자들의 생각 또한 집 본래의 가치인 '삶의 공간'의 의미를 넘어 '투기'의 대상으로 삼고 있으니 참으로 한심한 일이 아닐 수 없다. 그것 때문에 온 나라가 벌집 쑤셔 놓은 듯 부동산정책에 주목하고 있으니 국가의 에너지 소모는 물론 집을 마련하고자 하는 무주택자들은 허리가 휘어지고 있다.

내가 어렸을 때 마을에서 집을 짓는 것을 가끔 보았다. 옛날엔 작은아버지나 삼촌들을 혼인시켜 분가시키기 오래 전부터 산에서 재목을 하나씩 베어와 충분히 건조시켜 나무의 뒤틀림을 막았다.

집을 지을 땐 마을의 대목(大木)을 불러와 그 대목이 지시하는 대로 목수들과 인부들이 움직였다. 한쪽에서는 대패질이고 한쪽에선 망치질이었다. 마을에서 제일 곱고 찰진 황토흙을 퍼와 황토흙과 지푸라기를 잘 배합해 차곡차곡 토담을 쌓았다. 토담이 습기를 흡수하고 보온을 유지하는 데에는 최적이라는 것을 우리의 선조들은 오래 전부터 터득하고 있었다. 집의 골격이 완성되고 지붕에 먹기와가 올라갈 때까지 대목은 날마다 몸을 깨끗이 하고 수행(修行)하는 마음으로 집을 지었다. 또한 천정에 집을 지은 날을 붓으로 기록해 하나의 생명이 탄생한 것으로 여겼다. 이처럼 우리 선조들도 집짓는 것을 신성한 의식을 치루듯 했음을 알 수가 있다.

올봄 꽃샘추위 속에서 집을 짓는 까치의 마음에서 자신보다도 누군가를 위해 정성껏 집을 짓는 뜨거움을 보았다. 우리네 부모님들이 그랬던 것처럼 황사와 비바람 속에서 날아가 버릴지도 모른다는 불안한 눈빛으로 둥지에 들앉아 집을 지키던 까치부부의 거룩한 마음이 눈물겹다. 한갖 미물이지만 삿된 욕망에 눈이 어두운 인간들보다 그 마음이 미더웁다.

나는 오랫동안, 집을 지어 수요자들에게 공급해 왔다. 주어진 환경에서 나름대로 최상의 주택을 보급한다는 생활신조로 집을 지어왔지만, 새들은 나에게 '집은 안전한 공간이어야 한다', '집은 안락한 공간이어야 한다', '집은 새끼들을 낳고 키울 수 있는 신성하고 생산적인 공간이어야 한다' 그리고 '아름다운 공간이어야 한다'라는 생각을 일깨워 주며 '새들은 함부로 집을 짓지 않는다'를 가르쳐 주었다.

삶의 물레는 돌고 도는데

황토와 자갈길 신작로가 있는 그곳에서 꼬맹이 시절을 보냈다. 꼬맹이들은 동네 어귀에 삼삼오오 모여서 누구 팽이가 오래 도는가 겨루기를 했다. 박달나무 같은 무게 있고 단단한 나무로 한쪽 끝을 뾰족하게 잘 깎은 팽이가 잘 돌았다. 헝겊이 달린 팽이채로 착착 치면 칠수록 회전속도가 빨라지는 팽이를 넋을 잃고 보고 또 살폈다. 팽이의 무엇이 축을 만들며 돌아가는지 궁금했다. 밑동에 쇠구슬이 있으면 잘 돌았다. 팽이에는 중심이 있었다. 그것은 물리의 법칙을 배우는 기회였다.

나는 돌아와서 군용 담요를 깔고 놋그릇을 돌려보았다. 서너 바퀴 돌다가 그냥 넘어진다. 그릇은 무언가를 담는 물건이어서 돌아가는 중심을 요하지 않는다. 팽이는 중심축으로 돌아간다.

나는 아버지가 계시는 수협 제빙공장에 자주 놀러 갔었다. 큰 터빈에 벨트로 연결된 큰 바퀴가 작은 바퀴를 움직여 속도를 내며 돌아간다. 이 터빈으로 냉각수가 만들어지고 얼음이 생산되는 것이었다. 그 무렵까지도 동네 아줌마들은 물레를 돌려 실을 자았다. 나에게 있어 물레는 특별하다. 1989년 목포 최초로 15층 아파트 그린맨션을 건립할 때 분양 카탈로그를 만들면서 겉표지에 인간문화재인 모씨가 베틀에 앉아 있는 모습과 물레의 사진을 썼었다. 물레는 솜을 자아서 실을 만드는 도구다. 뽑아낸 실로는 베틀에서 천을 짰다.

물레를 사용하는 첫 번째 단계는 굴똥을 받침대에 수평으로 끼워서 손으로 움직이게 되어 있는 큰 물레바퀴에 감기면서 회전할 수 있게 함으로써 돌아간다. 물레가 돌아갈 때 가장 중요한 부분은 설주다. 설주는 기둥이요, 축이다. 물레에서 축이 없으면 돌아갈 수 없는 것이다.

세월이 흘렀다. 올해로 나는 상업의 길로 접어든지 45년이다. 유독 경쟁이 치열한 현장에서, 살아남는 것이 무엇인지 고민하고 사유하면서 노력해온 세월이다.

다행히 책을 읽는 습관이 있어 정신을 글로 표현해서 책 속에 담을 수 있게 되었다. 책은 정신을 담는 그릇이요, 덕은 천하를 담는 그릇이라 한다. 그릇은 본디 담는 것이다. 물을 담으면 물그릇, 금을 담으면 금그릇인 거다. 사람의 그릇이란 능력이나 도량이다. 큰 도량을 담을 그릇은 못되지만 읽고 메모한 글을 책 속에 담을 수 있는 습관이 길러져서 다행스럽다. 그 그릇에 담아 놓은 것들을 물레를 돌려 실을 잣듯이 가끔 글로 토해내 놓은 것이다. 그러면서 솔개의 삶을 살겠다고 다짐하며 항상 정일(正一)한 생각과 바른 삶을 추구하고자 노력한다.

그래서 나에게 메모하고 글을 쓰는 작업은 매우 소중한 일상이 되어버렸다.

『새들은 함부로 집을 짓지 않는다』라는 산문집이 2006년 10월에 나왔으니까 꼭 5년여 만에 단상으로 된 수필집을 펴내게 되었다.

제목은 무엇으로 할까 고민하다가 『삶의 물레는 돌고 도는데』로 정하기로 했다. 내 어릴 적 팽이 치는 모습을 상상해 보고, 25년 세월이 흘렀지만 베틀의 짜임처럼 정성으로 아파트를 짓겠다는 다짐도 돌이켜봤다. 그것들은 항상 나를 깨워 있게 한 명제였다.

우리 일상은 흘러가는 강물처럼 늘 반복되고 돌아가지만 거기에는 각자 선택하고 스스로 걸어온 물레의 길이 있다고 본다. 각박하고 척박한 환경을 헤쳐 나가려면 순정한 마음으로 우일신해야 한다. 이런 자세가 세상을 가치 있게 오래 살아갈 수 있도록 하기 때문이다.

경인년에 KDI 백영훈 박사가 내가 이사장으로 있는 목포 중앙고등학교에서 강연을 마치고 정종득 시장을 만나면서 했던 말이 기억에 또렷이 남아 있다. "우리 호남이 동생은 생각이 무엇인가 다르다." 생각이 다른 삶을 살려면 옳게 보아야 한다. 글이면 더욱 좋다. 다산 정약용 선생님은 유배지에서 폐족으로 잘 처신하는 방법은 독서밖에 없다며 두 아들에게 세상을 구했던 책을 읽으라고 당부하셨다. 팽이가 쓰러지지 않고 계속 돌아가려면 힘을 들여야 하듯 사람도 퇴보하지 않으려면 마땅히 그리 해야 하지 않겠나.

팽이가 돌고 물레가 돌며 세상이 돌아가는 그곳에 바로 천지자연의 운행과 순환원리가 있지 않겠는가.

3

바다를 품고 꿈꾸며

한류의 훈풍은 멈췄는가?

동아시아뿐만 아니라 아메리카에까지도 불고 있는 한류 열풍을 어떻게 보아야 하는가?

동학사상의 제 일 주제인 시천주(侍天主)의 핵심은 모심(侍)으로 시작되어 艮兌合德 後天開闢으로 예고된 대 혼돈(big chaos) 변혁사상이다. 인간의 도덕적 황폐화 및 신자유주의 세계화에 의한 국제시장의 실패, 빈부격차의 변화, 지구생태계의 오염과 파괴, 심상치 않은 기상이변 등의 과정 등이 동학이 주장하는 혼돈의 질서(混元之一氣)이다.

이 과정이 不然期然, 즉 yes, no로 반복되면서 새로운 질서가 혼돈의 과정을 거쳐 한류의 물결이 꽃바람처럼 일어났다.

김지하 시인이 오랜 영어생활에서 동학에 근거한 한류의 물결을 예감하고 '생명과 평화의 길'이라는 사상적 운동을 전개하여 마지막 남은 국내파가 미국을 방문하여 두통도 말끔히 사라졌다는 기사를 눈여겨 보았다.

正易에서 弓乙하여 민간에 유행하던 예언서인「鄭鑑錄」에 민생의 비밀이나 생명을 보호하는 비밀장소의 실체까지 접근하면 아주 혼란스럽다.

이 민족 신세대에 숨겨진 문화가 있다. 한류의 열풍이 주춤하여 불안하다.

문화를 수출하는 귀한 젊은이들 동쪽에서 하늬바람을 뚫고 서쪽으로 번져가는 한국의 신드롬 옛 고구려 무사들은 서쪽으로 말을 몰면서 동쪽으로 활을 날리는 반궁수(反弓手)였다.

배용준의「가을연가」나 비보이의 놀랄만한 율동, 프랑스 관람객이 기립박수를 보낸 판소리 공연, 최근 브레드피트와 안젤리나 졸리가 함께 관람하고 미소와 박수를 보낸 점프 공연에서 우리는 한류가 종착인 동시에 시발이다 라고 단언할 수 있을 것이다.

한국이 세계의 문화 르네상스의 창이 되리라고 보는 이들의 환호와 공감속에서 우리는 무한한 가능성과 영감을 얻는다. 무엇을 준비하고 사상적 무장과 정신을 갖출 것인가를 생각 할 때이다.

한류로 우리 민족이 세계에 새바람과 물결을 일으키며 이처럼 큰 반향을 일으키고 있는것은 새로운 문화지평이요, 동이 민족에서 발원한 샘터라는 인식을 누구나 공감하고 예감할 것이다.

한국 출신 낭자들이 골프로 세계의 무대를 휘감고 있다. 아줌마 부대의 역동적이면서도 끈끈한 특유의 정이 만들어낸 결과이다.

지성인이 매력을 유지하는 길은 정서를 퇴색시키지 않고 늘 새로운 지식을 탐구하며 인격의 도야를 늦추지 않는데 있다. 또한 세월은 충실히 살아온 사람에게 보람을 갖다 주는데 그리 인색치 않다.

한류의 훈풍은 안으로는 영성, 밖으로는 생명력을 보여준다.

생명은 혼돈과 고통 속에서 진화한다. 거기서 자기발견이 이루어져야 한다.

우리는 사회적 충돌을 통해서, 그렇다 아니다(不然其然)라는 자기완성을 추스려 왔다. 艮兌合德 震巽輔弼하는 시대속에 신세대에게 숨겨진 문화가 촛불의 행동으로, 3분박 4분박을 연속으로 외치는 붉은 악마의 응원으로 우리 국민의 잠재된 끼와 多血적 기질이 큰 꿈을 만들어가는 超 에네르기로 승화되고 결집된 힘이 바다로 넘나드는 시대를 만들어 가고 있다.

아름다움이란 본디 혼돈하고 척박한 곳에 깃드는 작고 투명한 신탁 같은 것이다. 아놀드 토인비는 새문명이 중국 주변 동북아에 출현할 것으로 예고했다. 우리는 사당패 중심의 이화중선이 맥이 되면서 여류명창이 나오고 남사당 여자들의 끼가 발휘되는 시대를 경험했다.

연체동물처럼 움직이는 비보이도 역동적인 문화현상으로 보아야 한다. 비보이의 인기는 외국 문화를 적극 수용한 젊은이들의 개방적 태도와 강한 단결력으로 뭉쳐진 승부욕 등이 어우러져 대중과 직접 교감하는데 비결이 있다.

마당놀이는 대중과 직접 호흡하고 즐거움을 함께 하는 것으로 한국의 독특한 사당패 탄생과 민족적문화를 만들어 한류의 맥을 동력으로 역동적 융합을 이룰 것이다.

미래 사상가들도 힘쓰지 않아도 저절로 알려지면서 강력한 경쟁력으로 전개되는 힘을 가진 이런 문화를 예감하고 일찍이 남학(南學)을 창립한 김광하는 빛고을이라하여 '인간의 고통이 심하여 극에 이르면 마침내 하늘을 움직인다'라는 남도의 특성과 정서에 기인한 독특한 교를 창립했다. 한류의 본류가 남도의 판소리와 탈춤, 풍물 등이 결코 꺼지는 법이 없다는 우주의 진리대로 남도의 특성을 되살리고 융합시켜서 하늬바람을 뚫고 서쪽으로 띄어가야 한다.

이것은 일찍이 동방에 찬란한 문명의 빛을 일군 동이민족의 저력이며 전통문화를 바탕으로 일어서는 남도의 뜨거운 숨결이 아닐 수 없다.

알바트로스

'남악이여! 마지막까지 누구를 기다려왔는가? 두근두근 516세대 근화베아채 스위트', 근화건설의 광고문구이다. '기다림'과 '마침내' 라는 간결한 문구를 캠페인으로 APT 판촉물과 홍보지를 가지고 동창회며 사회단체 모임에서 남악 베아채 스위트 OPEN 계획을 직접 설명하며 관심을 유도하였다.

'아! 하당의 꽃이여, 와! 남악의 샘물이여' 시어(詩語)를 동원한 캠페인은 구전으로 분위기가 달구어지는 듯 감이 오기 시작했다.

사업이 다 그렇지만 지금까지 매우 힘든 시간을 보냈다. 미국발 서브프라임으로 인한 세계 경제위축은 한국에서도 경제침체가 되면서 주택사업자가 직격탄을 맞았다.

건실하게 사업을 하던 분들이 워크아웃을 당하고 법정관리가 되면서 미분양은 전국적으로 십삼만 가구를 넘어서는 등 살아남는 방법이 무엇이냐 고민하고 풍전등화의 위기를 업체마다 겪어야 했다.

그러나 나는 회사 규모를 버려둘 수 없었고 직원들을 나 몰라라 할 수 없었다. 사회적 윤리도 의식해야 했고 인간적으로 비도덕적일 수 없었다.

10%씩 위약금을 물고라도 택지를 반납하는 추세가 전국으로 퍼졌다. 우리 지역이라고 예외일 수는 없었다. 어떻게 할 것이냐? 하는 생각으로 우울하고 외롭기까지 했다.

전남개발공사 이동진 사장과 광주은행 본부장 주선으로 점심을 할 수 있는 기회가 만들어졌다. 이 사장님은 매우 합리적이고 신사였다. 남의 말을 경청할 줄 아는 도량이 큰 분이였다.

지금은 어렵지만 상황이 나아지면 괜찮을 것이라고 토개공 시절 경험을 털어놓으면서 해약보다 위약금 없이 토지를 바꿔보면 어떻냐하셨다. 그래서 진행되고 계약된 토지가 남악 땅이다

지인들에게 이만 평을 매입했다고 넌지시 말을 건내 봤지만 시큰둥하고 무관심 했다. 들어주는 성의도 없었다.

"악화는 양화를 구축한다. 독초가 있으면 약초가 있는 법이지, 주택사업에는 사이클이 있으니 기다려보자."고 생각하며 많은 갈등과 인내심을 가지고 좀 더 기다리기로 했다.

과연 남악에 봄바람이 불 것인가? 나부터 베아채 미분양 세대를 과감히 전세로 소진시켰다.

미분양 세대가 바닥을 치고 할인 세대가 줄어들고 전세난이 심화 되면서 잠복된 수요와 대기 세대가 움직이기 시작했다.

부산에서 훈풍이 불고 광주 수안지구에서 분양성공 소식이 날

아 왔다.

되었구나 싶었다. 오래 기다렸던 조직을 동원해서 OPEN 준비에 들어갔다. 조금씩 술렁거리는 분양 여론을 감지 할 수 있었다.

신묘년 2월은 혹독한 겨울이었다. 평년 기온을 밑도는 혹한의 날씨에 이삼일 간격으로 눈은 쏟아지고 마음은 꽁꽁 얼어붙어 불안한 나날이 계속되었다.

남악에 봄바람아 불어라. 나는 꽃바람을 기대했다. 만나는 사람이면 붙잡고 홍보했다. 위치 좋고 조망이 좋은데다 살기 좋을 것이라고.

"아파트를 선호하는 생활의 우선 순위가 바뀌었어요. 이마트가 옆에 있습니다. 더욱 대단지라 가치가 뛰어 나거든요."

조금씩 귀를 기울이는 사람들이 늘어나고 긍정적 반응이 나타났다. 아파트 물량이 없어 좋은 시기가 될 것이라는 여론이 조금씩 형성되기 시작했다.

하지만 넘실대는 열기는 기대할 수 없다고 판단했다. 그래서 긴가 민가 초조했다. 마침내 모델이 완성되고 오픈 시나리오에 들어갔다.

향토기업가로써 지역을 아끼고 사랑하는 마음이 아파트 곳곳에 묻어나는 것이 보람이자 기본이었다. 수도권 못지않은 장인정신이 깃든 아파트 건설은 주택에 관한 나의 소신이며 기업정신이다.

보도 자료가 띄어졌다. '건설경제가 오랜 침체 늪에서 빠져 나와 기지개를 펴는 시기에 근화건설 김호남 회장께서 남악신도시에 베아채 브랜드로 중형 APT 516세대를 분양한다. 특별한 것은 모델 OPEN에 맞추어 두 번째 수필집을 발간해서 화제다' 라는 내용이다.

'작가는 책머리에서 왜 글을 쓰는가? 바르게 살겠다는 정신이요 옳은 것을 지키겠다는 행동이라고 자신 드러낸다'는 기사가 눈에 쏙 들어온다.

'삶을 아름답고 가치 있게 살려는 치열한 노력이 책속에 담겨 있다. 사랑받는 것의 놀라움, 진솔하면서도 담담한 문체의 흐름, 맑고 향기롭게 시처럼 섬세한 정신이 행복한 삶을 갈구하는 사람들에게 소중한 선물이 되었으면 한다'고 책머리에 허형만 시인은 적고 있다.

방송국 PD인 딸이 '아빠 오픈 때 내려 갈께요' 한다.

자신감이 생겼다. 간소하게 치르려던 오픈 행사에 출판기념식을 곁드리기로 했다.

"내 딸이 사회를 보고 저는 여러분에게 감사의 인사말을 하고 매우 행복합니다. 그러나 매우 힘든 시간을 보냈습니다."

나의 오픈 인사는 이렇게 시작됐다.

축하하는 사람과 모델을 보러온 사람들이 홀을 가득 메우고 거리에 넘쳐났다. 성공예감이 들기 시작했다. 불안이 잦아드는 것도 이쯤이었을거다.

넘실대는 바다 물결 같이 끊임없이 실려 온 민심 그리고 여론, 봄 햇살과 사람들은 춤추는 거리에서 빛났다.

나는 깜짝 놀랐다. 연일 오천 명이 넘는 인원이 몰려들었다. 일주일동안에 삼만 명이 다녀갔지만 질서를 지키고 성숙된 의식으로 문화 시민의 긍지를 보여준 13대1의 청약률! 이건 새 물결이 아닐 수 없다. 새 주택 문화를 만들어 놓은 것이다. 나는 매우 흐뭇하면서 놀랐다. 내가 사는 고향에 이런 모습이 있었다니! 내심 외롭고 쓸쓸하고 섭섭할 때도 있었지만 각고의 노력 끝에 25년의 주택사업의 연륜을 한꺼번에 보상받는 느낌이었다.

열정과 심혈을 기우려 브랜드 가치를 높이는데 사명을 다 해야겠구나 다짐했다. 목포에 이렇게 모르는 사람이 많을 줄이야!

그동안 내가 우물 안 개구리로 살다가 큰 바다에 뛰어든 그런 기분이 들었다.

'항상 곁에 있으면 포근하고 마음이 차분해지는 친구가 지은 집에서 살게 되어 고맙네' 하면서 문자가 왔다. 이 친구가 절친들과 식사를 하면서 자네는 알바트로스를 타고 날게 되었다고 덕담이다.

알바트로스는 그냥 새가 아니다. 날개가 크고 몸집이 커서 바람이 없으면 어스렁거리고 힘이 쭉 빠진 듯 뒤척이다가 순풍에 훈풍을 만나면 큰 날개짓으로 남극에서 북극까지 횡단하는 새인 것이다. 그런데 친구가 근화의 이번 베아채 스위트 분양이 알바트로스라고 활짝 웃어 주었다.

"집을 짓는 것과 글을 쓰는 것 어떤 관계가 있어요?" '아시아경제' 기자의 질문이다. "둘다 마찬가지로 창의성이 요구됩니다.

무에서 유를 창조해 내는데다 소비자 트렌드도 파악해야 되구요, 어떤 부분을 다르게 할 것인지 발상의 전환도 필요합니다. 지지부진한 남악신도시에 활력을 불어넣은 것 같아 보람 있습니다." 했더니 "겸손하시네요." 하는 웃음에 "감사합니다." 화답했다.

25년 전 처음 아파트 홍보물에 베틀 짜는 모습을 회사 이미지로 채택 했다. 그리고 25년이 흐른 오늘, 팽이치기를 했던 기억을 상상해서 천지자연의 운행과 순환의 이치로 풀어 보았다. 나의 사업이 탄력을 받을 것 같은 예감이 든다. 높은 가치의 수준 있는 주택을 창조하겠다는 각오를 다져본다.

首丘初心이다.

쓰나미

규모 9.0의 대지진과 쓰나미, 그리고 원전사고라는 대재앙의 긴박한 상황에서 침착한 일본인들의 모습이 인상적이다.

'메이와쿠 가케루나' 남에게 폐를 끼치지 않으려는 근성과 일본인 평소의 실천이 쓰나미 현장 곳곳에서 묻어나와 보는 이로 하여금 감동을 주고 있는 것이다.

소방구조 기동부대 소속 대원들이 30대의 고성능 소방차를 동원 원자로 냉각을 시키는데 바닷물을 퍼 나르고 고압의 물줄기로 뿜어내는 작전에 그들은 희생을 감수하고 묵묵히 살신성인하고 있다.

역사적으로 국가 운명이 기로에 섰을 때 국민을 하나로 뭉치게 하는 힘이 발휘되는 일본. 하늘과 땅에서 이름없는 영웅들이 눈물겨운 사투로 목숨까지 걸고 있다.

'동일본 대지진'이라 불리는 참사, 우리 민족이 이웃나라의 슬픔 앞에 격려와 위로를 보내고 있다. 돈을 버는 것은 기술이요, 쓰는 것은 예술이라면서 성공한 사람들과 한류와 관계된 연예인들이 앞 다투어 성금을 보내고 있다.

나도 25년 전 일본 별부(別付)JC와의 자매결연을 맺어 우정과 의리를 지속해오고 있는 관계라 관심이 남 다르게 많아 안부도 살피고 성금처도 알아보고 있다.

25년이 지난 일이지만 일본 친구들은 5만톤 크루즈 선박으로 목포를 방문했다. 언젠가 기회가 되면 목포에서도 갈수 있다는 희망을 한 켠에 간직하고 있었다.

하지만 일본이 겪고 있는 어려움 때문에 이런 나의 계획은 한참 뒤로 미루어 질 것 같다.

기회 있을 때마다 크루즈 산업 21세기 목포항을 리모델링하는 사업이라고 기고를 해보지만 아직 분위기가 달궈지지 않았다.

MB 정부 들어 국토 균형발전과 수도권 과밀해소라는 정책 목표가 뒤로 후퇴 된 느낌도 배제할 수 없다.

수도권의 과밀을 해소하고 균형발전을 이룰 수 있는 대응책으로 수도권에서 가장 멀고 낙후된 전남, 그곳도 목포에 크루즈 터미널을 건립하여 100만 명 이상의 동남아의 풍부한 관광객을 끌어들일 수 있겠느냐의 성공여부는 전남도와 목포시의 노력도 중요하지만 정부지원이 절대적이라 할 것이다.

크루즈 산업이 관광 허브항으로 정착하기 위해서는 크루즈 사업의 효율적인 업무추진을 담당할 수 있는 국적 크루즈 선사 육성 지원 등 전용터미널 건설은 필수적이다. 특히 크루즈 관광 프로그

램의 개발과 해외 홍보 및 판촉 활동에도 세계 유명 크루즈 회사와 연대가 중요하다. 동북아의 물류 중심 국가를 국가사업의 프로젝트로 내걸고 서해안 벨트 개발에 정부의 역량과 지원을 쏟아 부어야 한다.

한국경제의 희망 특구가 인천-평택-아산-당진-군산-목포로 이어지고 있다.

특히, 당진은 1997년 인구가 11만 명이었다. 이후 매년 2000명씩 줄어들던 인구가 2004년을 기점으로 계속 늘어서 올해는 14만 명을 넘어설 것으로 예상된다. 이는 서해안 벨트의 효과가 동북아 물류 중심시대의 서막임을 보여주는 증거이다.

이제 서해안은 붉은 빛을 토하는 저녁 노을도 비바람에 지는 꽃잎처럼 나비들이 하나 둘 내려앉는 한가롭게 아껴놓은 땅이 아니다. 동적 관광 여행 상품으로 각광을 받아 해안 여행의 혁명(Cruise Revolution)으로 발전 돼 가고 있는 산업, 특히 고급저가 운항 상품의 개발판매로 동남아 유람 관광객에게 특별한 수요가 창출되어 관광사업의 새로운 메카로 떠오르고 있다.

그 동안 우리나라가 선박 강국이라고 자부하여 조선경기가 정점에 있지만 크루즈 선박 건조는 기술 노하우가 축적 되지 못하여 안타까운 현실로 여겨왔다. 그러나 STX가 노르웨이 선박회사를 인수하고 대우 중공업을 비롯한 삼성 등 주요 선박회사들이 크루즈 선박인테리어 분야에 혁신역량을 쏟아 붓고 있다하니 세계 크루즈 선박 사업에 '메이드인 Korea'가 수주경쟁해서 Korea를 빛

낼 것으로 기대한다.

'21세기는 철도와 크루즈 산업이 주도 할 것이다. 이렇게 예측하고 희망을 가져 보아도 무리가 없을 것이다. 20세기 어린이들의 꿈이 디즈니랜드에 가보는 것이었다면 21세기 아이들은 '디즈니 크루즈'를 외칠지 모른다는 생각 때문이다.

전남도청의 이전으로 신해양 물류거점 도시를 표방했던 전남도가 우여곡절 끝에 F1대회를 성공적으로 치렀지만 보완해야 될 문제는 산적 돼있다.

또 하나, 전남도약의 또 다른 청사진은 J프로젝트 건설계획일 것이다. 앞으로 개통될 고속철도 역세권 개발과 함께 크루즈 전용 터미널이 완공된다면 전남은 사람이 다시 모여드는 지역으로 바뀔 것이다.

크루즈 리조트란 말 그대로 바다에 떠있는 리조트를 말한다. 여기엔 육지에서 기대 할 수 있는 모든 시설이 갖춰져 있다. 온천장, 스포츠센터, 브로드웨이 급의 극장, 카지노, 럭셔리한 메이커의 쇼핑가 그리고 다양한 음식은 삶의 질을 최상으로 끌어 올린다.

홍콩 바다를 배경으로 톰 크루즈가 출연한 영화 〈제리 맥과이어〉가 갤럭시호 크루즈 선상에서 시사회를 가져 여러 사람을 부러워했던 장면이 눈에 아른 거린다.

송공산에서 바다생명문학관을 생각한다

신안바다 압해도에는 역섬과 마주한 큰 섬이 있는데 그곳이 송공산이다.

역섬에는 큰 굴이 있었는데 그곳에서 송공이란 장군이 태어났다고 한다. 장군은 기골이 장대하고 무술이 출중해서 역섬과 송공산을 끼고도는 해상의 통로를 지키고 관리하는 장군이었다. 송공장군은 어려운 사람을 돕고 양민들을 괴롭히는 해적들을 제압하고 응벌해서 어려운 사람들에게 곡식을 나누어 주는 등 선행을 베풀었다고 한다. 그러한 그의 공을 칭송하기 위해 그의 이름을 따서 송공산이라고 했다는 전설이 전해 내려온다.

어느 날 김지하 선생께서 한 가지 제안을 하셨다. '바다생명문학관'을 건립해보면 어떻겠느냐 것이다. 순간 '바로 이거다' 싶었다. 나는 선생의 뜻을 따르기로 했다.

문학의 불모지인 신안 앞 바다 압해도에 문학관을 건립한다면 적어도 글을 쓰는 사람들이 찾아올 것이다.

그리고 그들이 바다에 관심을 기울이다 보면 바다는 살아날 것이다. 저 넓은 대양과 수평선이 펄펄 살아 춤을 출 것이고 해삼과 말미잘, 소라와 고둥, 지렁이와 갯강구가 생기발양하게 살아날 것이다.

모든 살아있는 것들은 관심으로 서로를 살린다. 사람은 바다를 살리고 바다는 사람을 살리고 이것이 상생이다.

신안군에는 1004개의 섬이 있다고 한다. 그래서 신안군의 섬들을 이름도 예쁜 '천사의 섬'이라고 부른다. 이 천사의 섬들은 잔잔하고 호수 같은 느낌을 준다.

생명의 시원인 바다를 살리는 노력을 멈춰서는 안된다. 바다는 생명과 자원의 무진장한 보고이다.

삶이 숨 쉬고 들끓는 바다는 우리의 미래이고 생명의 빛이다. 나는 이곳에 70여명이 토론할 수 있는 세미나실과 5인 정도가 입주할 수 있는 집필실, 100명 정도가 함께 공연하고 즐길 수 있는 마당놀이터를 설계하고 허가를 얻어 진행하고 있다.

그러나 문학관이 운영되려면 상당한 재정적 뒷받침이 있어야 할 것 같다. 학예사나 관리인의 지원만으로 '바다생명문학관'이 운영될 수 없다는데 이견이 없다.

문학 불모지인 신안에 한국 최초로 바다생명을 주제로 한 '문학의 집'이 개관되면 다양한 문학행사와 문인들의 창작 활동 연구사업 등이 추진되어 신안이 명실공히 한국 바다생명문학의 중심지가 될 것이라고 전망을 하면서도 여러 가지 여건이 성숙되지 않아 고민하고 있는 것이다.

바다생명문학관 예정지는 매우 풍광이 좋고 지리가 좋은 곳이다. 시하바다의 시원이고 멀리 안좌 팔금산과 일직선에 위치해서 역섬과 삼각점을 이루기 때문에 관광의 명소로 자리 잡을 가능성이 많은 곳이다.

이 곳과 송공항 선착장과는 1km 남짓 위치해서 걸어서 이동도 가능한 입지를 지니고 있다.

1990년에 송재구 목포시장이 동북아 물류 중심 개발이 교역자를 쓰기 때문에 섬 중심으로 이루어질 것이라고 힘주어 강조했던 기억이 새롭다.

또 내게 역섬은 생생한 이야기가 담겨있는 곳이기도 하다.

71년에 군 제대를 하고 수협에 복귀해서 일하고 있을 때 쯤의 일이다.

여수에서 수산업과 유조선을 운영하고 계시는 사촌형님께서 기름배가 역섬 앞에서 김양식장을 갈아서 송공마을 사람들에게 억류되어 있으니 어떻게 하면 좋겠느냐고 다급한 전화가 왔다.

나는 고민 끝에 파이롯 배를 임대하고 장교들이 입는 비옷을 입고 역섬에 거의 이를 무렵 비상 사이렌을 울리고 불빛을 번쩍거리면서 현장에 도착했다. 곧바로 농성하고 있는 마을 사람을 헤집고 선장실로 올라가 선장더러 국가 2급 시설 운반허가증을 보여 달라고 했다.

시설운반 허가증에는 붉은 선이 두 줄 사선으로 그어져 있었는데 마을 사람들이 국가 비상운반 수송선이라고 해도 믿을만 했다.

선장은 내복장이 군인장교 복장을 하고 파이롯이 군부대 경비정 같은 모습인지라 마을 사람들을 순순히 배에서 농성을 풀었다. 물론 보상 문제는 송공리 마을에서 이루어졌지만 억류되었던 배는 떠나보냈다. 이 과정에서 유달중학교를 같이 다녔던 친구가 나를 유심히 쳐다보는 것이었다.

훗날 이 친구가 동창회에 나와서 하는 말이 자기들이 속았는데 그 역할을 호남이가 했더라고 해서 파안대소 했던 추억이 깃든 곳이 역섬이다.

이런 연유로 나에게 더 살갑게 다가오는 송공산과 역섬, 바다생명문학관 건립 계획이 잘 추진되기를 바라는 염원에는 변화가 없다.

단지 문학관 건립 계획이 진화되기를 기원한다. 진화란 합리적인 방향으로 추진되는 것을 의미한다.

상황에 따라 그때그때 더 유리한 모양으로 흘러가는 것이다. 좀 더 시기와 여건이 조율되고 시공을 초월한 역사의 시간이 마련된다면 더 이상 바람이 없겠다.

바다를 품고 꿈꾸며

내 유년기와 소년기에는 파도소리에 잠이 들고 파도소리에 잠을 깬 날들이 많았다. 내 가족이며 이웃이었던 바닷가 사람들은 여명이 파도를 타고 밝아 오는 시끌벅적한 어시장으로 모여들었다. 생선 비린내가 배인 그들의 몸에선 늘 땀이 흘렀다.

백혈등 불빛을 타고 은빛 색과 황금 빛 고기 색이 넘나드는 공판장은 소란스럽지만 항상 긴장이 서렸다.

경매가 끝나면 소주 한잔 걸치고 집으로 향하는 어깨는 늘 지쳐있었고 그 지친 어깨를 바닷바람이 살며시 보듬곤 했다.

나는 바다를 익히고 바다와 부딪치며 살아가는 법, 육감적인 체험을 텅 빈 공판장, 쓸쓸하고 공허한 현장에서 넘실대는 물살과 들어오는 파도를 보면서 성장했다.

내가 12살 되던 해까지 밤이면 바다는 달덩이처럼 고운 빛을 머금으면서 더 풍요로웠다.

나는 창밖에 일렁이는 파도소리를 들으며 잠을 청했고 또 그 파도소리에 잠을 설치곤 했다.

겨울이면 바다는 항상 성나있었고 매서운 찬바람이 불어 왔다.

성난 바람은 온통 주변을 흔들어 놓았다.

유리창이 덜컹거리고 문짝이 흔들리면서 울어 되는 바람소리는 무섭고 두려웠다.

이럴 때 나는 할머니 품속으로 끼어 들어가 젖가슴을 만져야 무서움이 사라졌다. 이런 나를 할머니는 웃으면서 꼭 껴안아 주었다.

봄이 오고 한 여름에 가을이 깊도록 온몸에 하얀 소금 꽃이 피도록 바닷물을 헤집고 다녔고 물속에서 얼마나 놀았는지 손발이 곱았지만 아랫목에 깔린 이불속으로 손발을 깊숙이 밀어 넣으면 웅송그렸던 몸은 나른해지며 피가 돌았다.

나는 항상 바다 한 가운데까지 나갈 것을 생각했다.

도도하게 출렁이는 물살 앞에 몸을 사일 줄도 몰랐다.

바다를 거슬러선 안된다는 지혜를 가슴으로 품어 몸짓을 삼갈 줄 아는 경험을 환경에서 배웠다.

그 삶이 들끓는 바다를 아버지 실패와 병환으로 떠나왔다.

1967년 문태고를 졸업하자마자 수협은 내 일터로 바뀌었다.

꽃피는 청년 시절, 새벽 찬 공기는 매서운 바닷바람과 함께 얼굴을 찢어 놓는 것 같았다.

나는 왁자지껄 되는 사람들 틈에서 기장을 해야 했고 물건을 정리했다.

지금도 수협 앞을 지날 때마다 아직도 경매소리가 귓전에 윙윙거리고 금방 손 신호를 보낼 것 같은 기상을 느낀다.

목포 해양대학교는 용머리를 돌아오면 유달산 자락에 자리 잡은 희망의 캠퍼스다. 바다를 향해 드넓은 세계로 웅비의 날개 짓을 할 날을 기다리며 꿈을 키워가는 곳. 바다로 세계로 조각된 표지석(標識石)은 영롱하다

'나는 바다를 사랑한다.' 앵커 탑에 새겨진 문구가 해양의 기상을 일깨운다.

이 학교와 인연은 맺게 된 것은 해양운송시스템 학부에 석사 과정에 등록하면서다.

오랫동안 그 언저리를 맴돌다 마침내 보상을 해주는 나의 나래가 활짝 열렸다고 생각했다.

물류 공부를 좀 더 체계적이고 학술적으로 해보고 싶다고 친구 교수에게 부탁하고 조언 끝에 내린 결단이다 .

영어 과락의 고배를 맞을 때 박사과정시험장에 들어가는 해프닝도 있었고 지도 교수에게 '너무 힘들어서 더 이상 진행을 못할 것 같다' 고 푸념을 늘어 논 적도 있었지만 논문 제목을 목포항의 크루즈 터미널 개발 방향 관한 연구로 정한 다음부터 지도 교수와 달콤한 밀월여행을 떠난 기분이었다. 문헌 연구와 자료 수집은 삶의 균형을 잡아가는 것처럼 신이 났고 의욕이 넘쳤다. 바다를 꿈꾸며 바다가 있는 현장에서 먹고 살기 위해 뛰어다녔던 청년이 지천명의 나이에 바다로 나갈 수 있는 블루오션의 꿈을 업적으로 만

들어 논문으로 정리하는 것은 일생의 행복이었다.

학문은 하루아침에 사그라지지 않는다.

그래서 어떤 프로젝트든지 이론적 체계가 동반되어야 실패가 없는 것이다.

요즘 황해권 지역이 요동치고 있다. 인천경제자유구역에 이어 경기도 충남 일원의 황해경제자유구역, 새만금 일대의 새만금 군산경제자유구역을 선정해 놓고, 황해를 두고 동북아 경제 주도권을 잡기 위한 경쟁이 심화되고 있는 상황에서 환황해권 거점 중심도시를 표방했던 목포권이 슬그머니 소외된 정황들이 우울하다. 그러나 도청이 무안으로 이전했으니 신해양 도시로 거듭날 것임에는 틀림없다. 목포의 미래는 바다에 달렸다. 목포항에 크루즈 터미널을 건립하고 크루즈 산업을 관광과 연계 발전시키리라는 나의 소망, 그 치밀한 계획들이 적어도 내 속에선 완전한 그림으로 완성되었다. 나는 확신에 차서 논문을 제출한 뒤에 오는 초조와 허탈감을 달랠 길이 없었다.

항상 돌아보면 외길이다.

뭔가에 이끌리듯 달려온 시간들 허전함, 쓸쓸함을 달래려고 밤바다 떠있는 실습선 불빛을 유심히 쳐다보며 발길을 돌렸다.

우여곡절 끝에 논문이 통과되었다는 교수님의 격려가 있었다. 난산 끝에 옥동자를 분만했다고 이교수가 기뻐했다.

감격과 즐거움으로 가슴이 벅찼다. 그간의 과정이 영롱한 구슬처럼 주렁주렁 꿰어져 마침내 꽃을 피웠다. 2002년 6월 이종찬 전국정원장의 『세계로 가는 길목을 잡아라』를출판했을 때 나는 책을 가슴에 안고 지난 경제발전 단계에서 결집되었던 민족의 저력이 동북아 물류 중심 개발 전략으로 환생하여 사람과 물자와 돈과 정보가 몰려드는 허브코리아로 위치를 굳히고 동북아 중심 도시가 될 수 있는 기회가 생겼다고 뛸 듯이 기뻐했었다.

문명은 항구가 아니고 항해다. 그 어떤 문명도 항구에 안착한 일은 없었다.

내 어린 날 온통 황홀한 꿈으로 도취시켰던 고향의 푸른 앞바다는 이제 더 이상 항구가 아니다. 나와 함께 항해를 떠날 것이니까! 나와 함께 저 끝없이 펼쳐진 수평선을 향해 돛을 올릴 것이니까!

지천명의 나이에 「바다를 품다」라는 수필을 쓴 적이 있다. 이순의 나이를 넘어 이 글을 다시 써본다. 문장은 더디지만 문체는 간결해졌다.

A late learner, 나의 복습은 끝나지 않았다.

굿

내가 살던 어린 시절의 목포는 대개가 질척질척한 비포장 자갈길이었다. 특히 대반동 용머리 입구에서 삼학도까지가 선창이라고 불리는 바닷가였는데 그곳은 선창 사람들의 삶의 터전이며 생업의 창구였으니 그 신산한 애환이 서려 더더욱 질척거렸다. 당시만 하더라도 해상 안정에 대한 개념이 부족하고 시설조차 갖추어지지 않은 시대여서 툭하면 누가 물에 빠져 죽었다는 얘기가 들리곤 했다.

그날 나는 늦은 밤 집으로 돌아가는 길이었다. 서산동 적산 가옥들이 다닥다닥 붙은 좁다란 골목으로 들어섰을 때, 부부가 냅다 고함을 치며 다투는 소리가 들렸다. 전에도 그 집에선 가끔 그런 소리가 새어나왔었다. 그러려니 하고 무심히 지나치려는데 와장창 살림 깨지는 소리와 함께 한 여인이 맨발로 뛰어나왔다. 그리곤 누가 만류할 새도 없이 수협 위 위판장 쪽으로 달려가 치맛자락을 펄럭이며 물에 풍덩 뛰어들었다. 정말로 눈 깜짝할 사이였다. 허우적거리면서 썰물에 떠내려가는 여인에게 하륙분회에 소속된 사람이 달려들어 밧줄을 던졌다. 한 번, 두 번, 몇 번인가 시도하자 겨우 여인의 풀어진 머리카락이 밧줄에 감겨 몸체가 붕 떠올랐다. 달이 있었던가. 어둠 속에 누운 여인의 얼굴은 파리했다는 기억뿐이다. 눈과 입은 꽉 잠겨 있고 치마끈으로 동여맨 가슴은 터질 것 같았다. 젖은 옷자락이 제멋대로 뒤엉키고 흩어져 물먹은 배의 맨살이 드러났다. 누군가 인공호흡을 하느라 여인의 가슴을 풀어헤치고 짓누르다가 몸을 거꾸로 세우기를 수십 번, 여인은 물도 토하지 않고 축 늘어져 있었다. 곧 웽웽 사이렌 소리 요란하게 울리며 시립병원 구급차가 도착했다. 그 끔찍한 광경은 거기서 막을 내렸다. 병원으로 실려 간 여인은 다행히도 의식을 회복했다고 한다.

이튿날 새벽에도 나는 그 여인이 몸을 던진 지점을 지나 출근을 해야 했다. 다리가 후들거렸다. 하지만 아침을 맞은 검푸른 바다는 아무 일 없었던 것처럼 평온하기만 했다. 그리고 그 후로도 그곳은 날마다 선창 사람들로 질척했다. 조금 때면 만선의 깃발을 펄럭이는 배가 징과 꽹과리를 치면서 들어오고, 선창 사람들은 신이 나서 북적거렸다.

삶이 들끓는 바다, 그러나 그 바다는 영원히 미지의 세계를 감추고 있다. 바다에서 사람이 죽어 그 '혼'을 건져내는 굿판을 몇 번 목격했다. 누구는 죽고 싶어 바다에 뛰어들었을 것이고, 누구는 살기 위해 바다에 뛰어들었다가 변을 당했을 것이다. 죽고 싶다고 죽어지는 것도 아니고 살고 싶다고 살아지는 것도 아니다. 그러나 저 바다에서 생을 마친 사람들은 한결같이 한을 품고 떠난 사람들일 것이다. 그래서 바닷가의 굿판은 조금 더 성대하고 조금 더 구슬프다.

굿이 무엇인가?

신으로부터의 인가받은 의식일 것이다. 신의 허락을 받아서 넋을 건져내는 바닷사람들의 진오귀굿, 나는 그 굿판을 늘 망연자실한 심정으로 구경하곤 했다. 한쪽에선 징과 북을 치고 무당은 흰색 파란색 깃발과 부채를 손에 쥐고 대나무를 흔들어 대면서 혼을 건져내기 위해 현란한 춤을 춘다. 그리고 그 타악기들의 엇박자. 덩덩 덩덩, 덩 덕 궁 덩 덕궁, 덩덩 덩 덕궁, 터져 나오는 한 서린 무가! 이윽고 무당이 죽은 이의 생년월일과 빠져죽은 사연 등을 신에게 고한다. 예외 없이 이때 무당은 죽은 이의 음성으로 흐느끼며 눈물을 쏟아낸다. 혼이 건져진 것이다. 징소리는 가파르게 치닫고 무당은 몸을 흔들어 대며 주문을 외운다. 그런 절차의 하이라이트는 건진 혼을 천에 싸서 유골함 같은 단지에 넣고 뚜껑을 닫은 다음 가족들에게 전달하는 장면이다. 이미 유가족들은 흥건히 슬픔에 젖은 상태다. 구경꾼들까지 덩달아 흐느낀다. 죽은 이가 어떠한지는 몰라도 살아 있는 무당이나 유가족이나 구경꾼들까지 모드, 한스런 삶의 편린들이 조금은 부서져 내렸으리라. 결국 굿은 집단적 치유를 위한 제의라는 생각이 든다.

고등학교를 졸업한 나는, 친구들이 대학에서 푸른 꿈을 안고 젊음을 설계해 나갈 즈음, 매일같이 자전거를 타고 어둠이 깔린 새벽길을 나서서 수협 위판장으로 달렸다. 온통 비린내와 백열등 빛에 반짝이는 생선들……. 모여드는 장사꾼들 이익을 얻기 위한 몸부림, 민첩하고 바쁘게 움직여야 신용을 얻고 신용은 곧 경제적 가치로 환원되는 왁자지껄한 삶의 터전이었다. 경매가 끝나면 계산서를 작성하고 판매 전표를 만들어 기장한다. 그리고 청구해서 수금하고 셈을 해서 은행에 예치하는 것까지가 내가 하는 일이었다.

그날도 여느 때처럼 똑같은 일상의 반복이었다. 제법 큰 거래처에 정산된 청구서를 전달하기 위해 자전거를 타고 내리막길을 달렸다. 아차 하는 순간, 보따리를 이고 건널목을 건너온 50대쯤의 여인을 가볍게 스쳤는데 여인이 쓰러졌다. 자전거를 길 한쪽에 세우고 가까운 병원으로 모셨다. 이야기도 나누었다. 순천에 사는 분이었다. 여인은 오히려 나에게 친절히도 고맙다는 인사를 했다. 당신의 아들이 내 또래라고도 했다. 몇 시간 한가하게 얘기를 나누는 동안 목포에 산다는 친척들과 순천의 가족들이 모여들었다. 그런데 여인이 갑자기 열이 오르면서 구토와 마비증세를 보인 것이다. 놀라 다른 병원으로 옮겼다. 그러나 혼수상태가 계속되었다. 내 나이 열여덟, 미숙한 청춘이었다. 나는 자괴감에 몸부림쳤다. 하늘만 쳐다보고 흘러가는 구름만 멍하니 바라보며 넋이 빠져서 한숨을 내쉬곤 했다. 초조한 시간, 해가 뜨는지 달이 지는지 어둠과 밝음이 내게는 없었다. 오로지 그분이 살아 주시길 간절히 빌었다. 불안했다. 앞이 캄캄했다. 이 비극을 벗어나게 해달라고 기원했다. 특히 여인의 아들이라는 내 또래 아이가 나타났을 때 나는 고개를 들 수가 없었다. 아무도 원망할 수 없었다. 그러나 정령 이 어마어마한 사건이 모두 내 탓이란 말인가? 수없이 자문하면서 그분이 회생하기만을 간절히 바랐다. 그러나 여인은 나흘째 되던 날 영면에 들고 말았다. 세상이 원망스러웠고 하늘이 무정했다. 왜, 나에게 이런 시련이 닥치는가. 따지고 보면 내가 속도를 내어 달린 것도 아니고 앞을 살피지 않은 것도 아니었다. 여인이 성급하게 다가왔을 뿐이다. 나는 물 한 모금 마실 수가 없었다. 그리고 장례식이 끝나고 집으로 돌아와 방으로 들어서자마자 쓰러졌다.

나는 연분홍 사각 공간에 둥둥 떠 있었다. 아무 생각도 감각도 느낌도 없는 상태였다. "무아의 유희", 그것이 혼이 나간 상태였을까? 이상한 기척에 일어나 보니 무당이 베개 밑에 칼을 놓고 푸닥거리를 하고 있었다.

45년이 지난 사건이다. 지금도 그 여인의 죽음은 불가해하다. 어찌 그런 일이 일어난 것일까. 그때 어머니는 자식이 험한 단죄를 받게 될까 봐 노심초사하셨다. 유족들을 날마다 찾아다니며 어떤 대가라도 치르겠다고 빌고 또 빌었다. 어머니의 그런 순수한 사죄가 유족들을 감동시켰다. 어머니는 어린 내가 너무나 넋이 빠져 고통스러워했기 때문에 그분들의 마음이 누그러졌다고 하셨다. 어쨌든 이후 유족들과 우리 가족들은 서로가 아픔을 어루만지며 한동안 가까이 지냈다.

그러나 가신 분을 다시 불러올 수는 없는 일, 나는 오래도록 죄의식에 시달렸다. 물 한 모금 마시지 못하고 고통스러웠던 날들, 이후 괴로움에 시달리며 가위 눌리는 밤들, 그 가족들을 찾아보고 돌아올 때마다 유족들의 상실감을 어떤 사죄로도 상쇄하지 못하리라는 절망감……. 죽음의 고통을 뉘라서 나눠 질 수 있을까만 우리는 누구라도 또 그 고통에서 자유롭지 못하다. 아마도 나의 그 고통과 화해의 과정도 한 판 굿이 아니었나 싶다. 무슨 인연으로 그 여인이 그날 내 가까이에서 쓰러져 저승길을 택했는가. 내 미망에 싸인 청춘의 한 판 굿을 그녀가 치러 줬는지도 모르겠다.

수궁가

"수궁가에서 시를 건져낼 수 있습니다."

김지하 선생이 〈동아시아 바다와 해양문학〉이란 주제로 강연을 하는 중에 언급한 말이다. 귀가 번쩍 뜨였다. 나는 판소리에 관심은 조금 갖고 있었지만, 가락과 소리에 근접도 못하는 주제였다.

나는 줄곧 선생의 말씀을 되뇌었다. 새벽안개 속에 풀섶을 헤치며 집을 나섰다. 안개는 풀잎에 이슬로 맺혔다가 물이 되어 시내로 흘러가고 강으로 가고 언젠가 바다에 이를 것이다. 안개 속에선 아주 가까운 것들만 보인다. 쪼그리고 앉아 풀잎에 맺힌 이슬을 들여다보곤 했다. 아주 작은 것들이 결국 큰 세계를 이룰 것이다. 저 힘없는 작은 토끼가 살아남는 신화를 창조했다. 살아남은 자가 신화를 창조한다. 살아남음으로써 신화가 창조된다. 살아남는 것 자체가 신화다.

그때까지 나는 진도 여귀산 중턱에 자리한 국립 남도국악원의 금요 상설 공연 때 수궁가 막장을 들었을 뿐이다.

> 기산광야 너른 천지 금잔디 좌르르르 깔린디. 이리 뛰고 저리 뛰고 깡짱 뛰어내리며 고국산천이 반가워라 얼씨구 절씨구 지화자 좋네.

끝만 슬쩍 보고 매혹되는 순간 막이 내렸으니 입맛나자 쌀 떨어진 격이었다. 그런데 마침 광주 서구 빛고을국악전수관에서 중요무형문화재 김향순 선생의 완창 발표회가 있다는 소식이 들려왔다. 아내의 손을 잡고 그곳을 찾았다. 제5호 판소리 이수자답게 노련하고 익숙한 무대 매너로 청중에게 박수를 유도하고 분위기를 사로잡아 가면서 수궁가를 3시간 동안 완창했다. 처음 경험한 수궁가 완창은 감동적이었다. 우리의 독창적 문화를 담고 있는 가락과 신명, 그 고유한 정서는 이해하기 전에 공감하게 된다. 잠시라도 함께 즐겼다는데 뿌듯한 자부심도 있었다. 특히 판소리 공연을 처음 경험한 아내가 다음 날 메시지를 보냈다.

> '연잎 봄바람에 살가운 날 물 맑은 봄바다 보면서 잔잔한 물결 위를 떠가는 나룻배 같은 일정이었습니다. 감사해요!'

가락은 귀에 닿기도 전에 가슴으로 들어온 것은 분명한데 그 의미는 내 안에서 선명해지지 않았다. 이것이 문제다. 그저 즐기면 된다는데 논리적으로 정리하여 이해하려고 하고 그것을 메모첩처럼 깔끔하게 머리에 저장해 두려는 욕심. 머리가 묵직하니 복잡했다. 도무지 왜? 한동안 그 의미를 찾아 헤맸다. 오랜 세월 전수돼 온 이 소리의 원작자는 누구며 어떻게 사랑받고 있는지?

전문을 샅샅이 읽으며 시를 건질 수도 있다는 가능성을 찾아보려고 했다. 아마 네 생애 처음으로 이처럼 우리 고전에 집중해 봤을 것이다.

수궁가가 서민들이 불렀다고 보기에는 너무 한자용어가 많고 황해권 연안지방의 지명과 역사의 인물 이야기가 보태지고 새로 만들어진 내용이 많을뿐더러, 많은 은유와 상징은 의미가 다층적이다. 퍼즐 맞추듯 의미 찾기에 집중했으나 난해했다.

시란 무엇인가. 시를 정의하는 말은 무수하다. 아리스토텔레스의 『시학』에는 대상을 통한 자아의 인식으로 정의된다. 나는 기발한 착상을 은유와 상징으로 새로운 세계를 창조하는 언어의 리듬이라고 생각한다. 언어는 곧 사유다. 사유가 틀에 메이지 않고 자유롭게 율동하며 새로운 조화를 이뤄내는 것, 그것이 시라고 본다.

수궁가의 주 무대는 바다 속 용궁이고 이야기는 용왕의 병으로 시작한다. 용왕이 영덕전을 짓고 많은 손님을 초청하여 잔치를 한 뒤에 병이 났다. 용왕이 병이 난 직접적인 이유는 과음 탓이다. 권력의 구축과 쾌락의 탐닉에 대한 응징이다. 용왕의 병은 백약이 무효했다. 하늘에서 도사가 내려와 이런 저런 약을 다 써 보고, 침술로 나을 수 있을까 하여 온갖 침을 다 놓아 봐도 전혀 나을 기미가 보이지 않는다. 최후 처방으로 나온 것이 '진세 산간의 천년 묵은 토끼의 간'이다. 토끼 간을 구해올 신하를 찾는데 많은 신하들의 변설이 난무한다. 그러나 그들의 변설은 노무가 토끼를 구하러 가지 못할 핑계에 불과하다. 이때 우직한 신화 별주부가 자청한다. 그로부터 별주부는 어렵게 토끼를 잡아오고 토끼는 꾀를 내어 다시 산으로 돌아가는데 그 돌아가기까지의 과정은 매우 해학적이다. 바로 토끼의 살아남기 위한 계략적인 해학이 판소리의 백미를 이룬다.

> 별주부전에서 상징들의 기호를 찾아내는 것은 중요하다. 토끼의 간만이 약이 될 수 있다는 것은 토끼의 희생 우에서만 용왕의 생명이 유지될 수 있다는 말이다. 그렇다면 용왕과 토끼는 각각 무엇을 상징한 것일까? 이미 회생 불가능한 용왕, 그것은 누적된 체제의 모순으로 인하여 도저히 다시 소생할 수 없는 봉건체제의 한계를 상징하고 토끼는 힘없는 민중의 상징이다.
>
> 산짐승 중에서도 가장 약한 동물인 토끼, 번식력이 강해서 가장 흔한 동물이지만, 덩치가 작아 맹금류에서 포유류까지 다양한 동물군의 밥이 되는 짐승. 그러나 토끼 자신은 초식이기 때문에 다른 동물들에게 해를 끼치지 않는다. 이러한 이유로 토끼는 다수이면서도 힘이 없는 민중을 상징한다. 토끼의 간만이 용왕의 병을 치료할 수 있다는 말은, 용왕으로 상징되는 봉건체제가 민중의 희생 위에서만 유지 가능한 상황이라는 것을 표현하고 있는 것이다.
>
> -남지대의 「문화 속의 사회사」 중에서

별주부전이라지만 결국 이야기 속의 주인공은 토끼이다. 표면적으론 신하의 우직한 도리를 일깨우는 척하면서 청자에게 더 큰 공감을 불러내는 것은 힘없는 민중을 상징하는 토끼의 신출귀몰할 만한 착상들이다.

'물'시대의 해양문학을 어떻게 접근하고 바다를 삶의 터로 어떻게 발전시킬 것인가. 어떻게 전개되는 것이 바람직한가를 내내 고민하고 있는 터라 선생의 말에 귀가 번쩍 뜨였다. 「문명이론」에 의하면 해양공동 활동의 터는 보병을 위주로 한 유목족과 수군을 사용한 농경민이 바다에서 승패를 겨루면서 내륙지방을 확대해 영토를 만들어왔다. 오랫동안 고립돼 발전해온 세계 문명권들이 15세기 이후 바다를 통해 급속도로 연결되고, 그렇게 태어난 '근대'가 세계 곳곳 삶의 구석구석을 어떻게 뒤흔들고 바꿔놓았는가.

역사학자 주경철은 "근대는 바다에서 탄생해 폭력적으로 전 세계를 휩쓸었다"라고 한다. 중국이나 유럽의 권력자들이 근대 역사를 바꿔놓은 것이 아니라 밑바닥 선원들의 참혹한 삶, 해적과 노예, 원주민 여성, 설탕과 은, 옥수수와 고추, 언어의 합성과 소실, 땅 위에 무수히 자생하는 잡초들, 심지어 병원균이 그 파란만장한 삶을 이어오면서, 그 삶이 겹겹이 쌓여 지난 500여 년의 근대 역사가 만들어졌다고 본다.

이제 바다는 전쟁이나 약탈을 위한 통로로는 큰 의미를 갖지 못한다. 미지의 세계를 정복하러 떠나는 정복자들의 항로가 아니다. '물고기나 포획하는 곳'도 아니다. 바다는 삶의 터요, 생명이 살아

숨쉬는 깊은 우물이다. 우물 속에서 샘솟는 기운을 퍼 올리고 샘물의 근원을 넘나들며 재미있는 이야기와 역사를 만들어가야 하리라. 바다는 무엇보다도 문화의 새로운 영토이며 자원임에 틀림없다. 새로운 신화의 터다. 그럼 바다의 주인은 누구인가?

앞서도 말했지만 저 힘없는 작은 토끼가 살아남아 신화를 창조했다. 살아남은 자가 신화를 창조한다. 살아남음으로써 신화가 창조된다. 살아남는 것 자체가 신화다.

문득 살려야 하리라는 생각이 섬광처럼 번득였다. 바다의 작은 생명체들, 힘없이 미미한 존재들이 살아남을 때, 저 거대한 바다도 살고 우리는 새로운 신화를 창조할 것이다. 그런 생각에 빠져 몇 달인가 흘렀다.

어느 날 선생께서 한 가지 제안을 하셨다. '바다생명문학관'을 건립해 보면 어떻겠느냐는 것이다. 순간, 바로 이거다 싶었다. 나는 기꺼이 선생의 뜻을 따르기로 했다. 문학의 불모지인 신안 앞바다, 압해도에 문학관을 건립한다면 적어도 글을 쓰는 사람들이 찾아들 것이다. 그리고 그들이 바다에 관심을 기울이다 보면 바다는 살아날 것이다. 저 넓은 대양과 수평선이 펄펄 살아 춤을 출 것이고 해삼과 말미잘, 소라와 고둥, 지렁이와 갯강구가 살아날 것이다.

모든 살아 있는 것들은 관심으로 서로를 살린다. 사람은 바다를 살리고 바다는 사람을 살리고 이것이 상생이다.

고래

세상에서 균형을 유지하면서 힘을 과시하는 무리가 있다. 하늘에는 기러기 떼가 그러하며 바다에서는 고래 떼가 그러할 것이다.

나는 얼마 전에 쓰시마를 다녀온 적이 있다. 지금도 기억에 아련히 남는 것은 수평선 위로 치솟는 고래들의 장엄한 광경이다. 하얀 포말과 파도를 일으키듯 바다를 흔들어 대는 고래의 행렬은 그야말로 감동이요 경이였다. 감청색 짙고 넓은 바다는 파도가 넘실거려도 결국 질서와 균형을 유지하며 그 중도적인 힘을 과시한다.

어떻게 그렇게 경이로운 장면을 만들어낼 수 있을까! 고래가 있는 바다는 크고 넓다. 삶이 숨 쉬고 까마득한 미지의 바다는 언제나 매력적이다. 고래의 포경이 금지되어 더 많은 무리들이 생겨난 탓이지 현해탄에서 고래와 부딪쳐 곧 잘 해상사고가 발생되는 뉴스를 보고 고래잡이를 허용하게 될 날이 얼마 남지 않았구나 생각한다.

내가 어릴 적에 운반선을 갖고 계시던 큰 아버지께서 산더미만 한 고래를 끌고 수협 앞바다로 들어오는 장면이 지금도 아련히 기억에 남아 있다. 얼마나 큰 밍크고래였던지 배만큼 크고 잠수함 같은 생각이 들어 영화「백경」에 나오는 고래보다 더 컸을 거라고 지금도 믿고 있다.

그때 동네에서는 이렇게 큰 고래를 처음 봤다며 야단법석이었다. 사람들은 고래를 잡은 것이 아니고 죽은 고래를 큰 바다에서 끌고 왔다는 둥 수군거렸다. 아무튼 큰 고래를 시장상인들이 사가고 우리 집에서도 큰 집에서 보내준 고래 고기가 넘쳐나서 오복살이며 심줄살 등 겹겹이 무늬가 다른 고래 고기를 실컷 먹어본 기억 때문에 지금도 산소에 가면 조카를 신뢰하고 예뻐해 준 큰 아버지의 기상과 괴팍한 성격이 싫지 않아 정성스레 술 한 잔 올리고 절도 한다.

목포에는 고래 고기 전문집으로 동천집이 있었다. 저녁이면 왁자지껄 소주에 고래 고기를 먹는 사람들로 넘쳐났다. 나도 그 무리 속에 끼어 여러 번 먹어 보았지만 큰 아버지의 고래와는 사뭇 다른 맛이었다. 목포는 내항 해변가 노상에서 고래를 삶아 파는 곳이 3곳 정도 있었는데 고래를 삶아 냄새가 구수해서 소금에 한 점 묻혀 입 안에 넣고 씹어대는 맛이란 질겨도 맛이 나고 심줄에서는 단기름이 배어 나와 입맛을 감칠맛 나게 하면서 반나절 정도는 입에 넣어 물고 다니는 사람 또한 많았다.

이렇게 고래는 은은한 맛과 감칠맛을 보여주었는데 포획이 금지되면서 산꿩 같은 고기가 시장에 나와 고래 맛을 잊게 하고 옛날 그 맛은 추억으로 남게 되었다.

최근 우리 큰딸이 『칭찬을 고래도 춤추게 한다』는 책을 주면서 "엄마에게 좀 더 칭찬하고 부드럽게 좀 해주세요. 아빠 잘 읽어요"했다. 물론 읽고 딸의 갸륵한 마음을 담아 아내에게 부드럽게 처신하려고 노력하지만 몸에 배인 습관과 행동이 얼마나 달라졌겠는가. 고래의 이야기는 『생명이 있는 것은 다 아름답다』라는 최재천 교수의 저서에도 나온다. 최 교수는 고래들의 모성애와 우정을 담아 글을 썼는데 너무 감동과 여운이 남아 메모된 글을 옮겨보기로 한다.

> 고래들의 따뜻한 동료애는 다친 고래를 지나치지 않는다. 고래는 인간에 버금가는 지능을 지닌 포유동물이다. 고래들의 사회는 거동이 불편한 동료를 결코 나 몰라라 하지 않는다. 다친 동료를 여러 고래들이 둘러싸고 거의 들어 나르듯 하는 모습이 고래 학자들에게 관찰되었고 그물에 걸린 동료를 구출하기 위해 그물을 물어뜯는가 하면 다친 동료와 고래잡이 배 사이에 과감히 뛰어들어 사냥을 방해하기도 한다. 고래는 물속에 살지만 허파로 숨을 쉬는 젖먹이 동물이다. 그래서 부상을 당해 움직이지 못하면 무엇보다도 물위로 올라와 숨을 쉴 수 있도록 친구를 등에 업고 충분히 기력을 되찾을 때까지 떠받치고 있는 고래의 모습은 감동은 물론 숙연해진다. 또한 그 괴로워하는 친구 곁에 그냥 오랫동안 있기도 한다. (하략)

우리 사회는 고래의 새끼가 그물에 걸려 헤어 나오지 못할 때 눈물을 흘리며 그물을 물어뜯고 몸부림치는 고래의 몸부림을 감성으로 이성으로 자각하며 살아야 한다.

칭찬으로 춤추게 하는 고래, 눈물을 흘리며 새끼를 구하고자 하는 어미 고래의 처절한 몸부림에서 사랑을 얻는 심성을 배워야 한다.

호기심이 고양이를 죽인다는 서양 속담이 있지만 앎에 대한 열정이라면 우리 인간을 당하겠는가? 알면 사랑하는 믿음 아무리 돌에 맞아 싼 사람도 왜! 그런 일을 저질러야만 했는지 알고 나면 사랑할 수밖에 없는 게 인간들의 심성이다.

그러다 보면 생명도 소중한 의미로 우리 곁에 남아 우리 스스로를 더욱 사랑하게 된다는 믿음으로 다가올 것이다.

學而時習之 不亦說乎

'學而時習之 不亦說乎' 배우고 익히면 또한 즐겁지 아니한가!

내가 좋아하는 공자의 글귀입니다. 학문은 물을 거슬러 올라가는 배와 같아서 앞으로 나아가지 못하면 퇴보한다. 기회가 주어지면 선생님들에게 들려주고 싶은 이야기지요.

새롭게 학교를 세우고 봄날이 화사하여 기분까지 상쾌한 날, 두 분의 선생님을 면접했지요. 한 분은 제법 맵시가 있어 세련되기까지 했으며 또 한 분은 차분하여 새기고 가꾸고 정리하는 일에 기능을 발휘할 수 있다는 판단으로 국어선생님이 되면 교지 같은 것을 만들어 보면 보람도 있고 학교의 숨결이 역사로 이어지는 활동이 되어 자부심이 있을 거라고 권하면서 우리 막내가 다니던 목포여고의 '풍란지'를 건네주었습니다. 딱 1년이 다가오는데 교지에 실을 격려사를 써달라는 것입니다. 어찌나 반갑고 대견스런 생각이 드는 지 고마운 생각이 듭니다.

학교 발전과 지역 사회에 추앙받는 학교가 될 것인가 고민하고 기획하면서 '성근시보평실정상(誠勤是寶平實精詳)'한 마음으로 가슴 조아리며 희망과 기대를 갖고 교장선생님을 비롯한 행정실장이 두 편대가 되어 달려 왔습니다. 냉담한 목포권 학부모들의 호응을 얻기 위해 자율학습장까지 만들고 학교가 개편을 단행하여 입학설명회까지 이르는 동안 '진인사대천명(盡人事待天命)'이라는 심정으로 학교를 빛내고 광내는 일에 몰두해 왔습니다. 2009년도 신입생이 입학정원을 채우고 새로운 기축년 희망의 나래가 펼쳐지고 있습니다. 이런 시기에 선생님들이 장기와 끼를 동원하여 학생들과 함께 교지를 만들고 있다는 소식에 매우 고무되고 어떻게 나올까 기다려지고 기대하고 있습니다.

훌륭한 선생님을 보면 마음이 울렁거리고 뜨거운 용기가 샘솟는 듯 합니다. 제자를 기르고 인재를 가르치는 재미가 '군자삼락(君子三樂)'에도 으뜸이라 했습니다. '행복'이 무엇입니까? 감사에서 비롯됩니다. 선생님들이 학교 발전에 뛰고 계시니 마음이 든든합니다. 지난 봄철 워크샵 때에는 '에스카란데 선생님'의 사례를 들어 송공한 선생님이 되자고 강조했습니다. 물론 총명하고 지혜로운 학생이 있어야 되겠지요. 이번 교지 발간을 계기로 많은 담론과 학생들과의 커뮤니케이션이 이루어져 자랑스런 학생, 크게 웃음 웃는 선생님, 보람있는 학교 설립의 긍지가 마련 될 것으로 믿습니다.

'공부하고 준비하리라, 그러면 기회는 반드시 온다.' 미국에서 존경 받는 링컨 대통령의 말이 아닙니까.

책을 많이 읽고 경험하십시오. 독서는 완성된 사람을 만들고 담론은 재치 있는 사람, 필기는 정확한 사람을 만든다고 합니다.

준비된 선생님 예비된 학생들의 소담스런 이야기가 이 교지에 배어 있기를 바라고 교지 발간을 다시 한 번 축원 드립니다.

煙花三月下楊州

경인년 올해는 호랑이 해입니다. 경인년의 천간은 오행으로 흰색과 금(金)을 뜻해서 음양으론 양(陽)의 기운입니다. 그래서 갈색 칡범이 아니라 백호의 해라고 하고 60년 만에 나타난 신묘한 영물(靈物)이라 합니다.

2010년은 저희 학교가 완성학급으로 출발하는 의미 있는 해입니다.

이렇게 좋은 해에 저희 학교는 말끔히 준공되고 인도와 차도, 가로수, 가로등이 정비된 희망의 새 길을 경쾌한 기분으로 어깨를 활짝 펴고 학교를 등교할 수 있게 되었습니다. 포시즌으로 꽃 계절에 철따라 피는 나무들 많고 환경 좋은 교정에서 학생들이 희망과 꿈을 설계할 수 있게 된 것을 매우 기쁘게 생각합니다.

煙花三月下楊州, '좋은 경치의 3월에 양주로 간다'는 唐나라 시인 이백의 시가 있습니다. 3월에 졸업식과 입학식에 이은 학교 활동이 담긴 교지가 나올 것을 생각하면 설렘과 함께 마음이 뭉클해집니다.

煙月 또한 '운무에 싸인 몽롱한 모습의 달'입니다. 저희 교지가 어떤 모습으로 학교의 숨결과 역사의 활동이 담긴 내용을 담아낼까 자못 궁금해집니다. 교지를 받아든 사람들이 중앙고가 달라졌다는 위상에 감동하였을 때 얼마나 흐뭇하고 기뻤는지 모릅니다. 특히 학생들의 개성과 끼가 동원된 내용은 감동을 주기에 충분했기 때문입니다.

'젊은이는 미래이며 희망이다. 나무는 10년 사람은 60년보고 키운다.'는 말이 있지요. 저는 선생님들이 학생들을 사랑하고 아끼는 모습을 보면 내 마음도 뜨거워지면서 더 좋은 학교를 만들어야겠다는 용기와 의욕이 샘솟는 듯합니다.

한남형 교장선생님을 비롯한 선생님들이 똘똘 뭉쳐 학교 발전에 뛰고 계시니 마음이 든든하고 총명하고 지혜로운 학생들이 그 선생님과 미래의 목표를 향해서 소담스런 이야기를 나누고 학습과정을 설계한다는 것이 나에게는 큰 보람이자 명예이기도 합니다.

교지에는 글과 연결된 내용이 많아서 책을 많이 읽고 정서를 함양시키기 위해 특색 있는 목록으로 읽혀질 수 있으면 더욱 좋다는 생각이 듭니다. 목포의 명문 학교로서 자랑스러운 역사를 만들려면 내용 있는 활동과 준비된 운영과정이 중요하겠지요. 특히 독서를 많이 해서 목포에서 배출된 문인들과 역사 속으로 빠져 보는 것도 좋은 것 같습니다. 우리 도서관인 '지성의 샘터'에 김지하 문학목록, 김현문학, 황현산 작가의 책들을 연보와 연대별로 비치할 작정입니다. 독서는 완성된 사람을 만들어 가는데 필수적입니다. 그래서 담론은 재치 있는 사람, 필기는 정확한 사람을 만든다고 하는 것입니다.

김순필 선생님을 중심으로 인터넷 방송을 송출하는 목표도 착착 준비가 진행되고 있다는 소식에 매우 고무적이고 흥분도 됩니다. 조선 디자인의 우수 인재가 동일계 유리한 조건으로 서울대 조선학과를 목표로 궁부하고 사재들이 환골탈태해서 학생 선택에 맞춤시대를 열어가고 자질과 품행과 성적이 달라진 학생들의 이야기가 파노라마처럼 쏟아져 나오기를 기대합니다.

안동 하회마을 류씨집 별채 처마 둥지에서 새끼 제비 네 마리가 하얀 속살을 하고 주둥이를 벌리고 있는데 어미 제비가 재빠르게 먹이를 물어 나르는 장면을 보면서 우리 선생님들이 먹이를 제공하고 학생들이 받아먹는 학습장면이 떠올랐습니다. 경외심이 들 정도로 무한한 애착을 가진 제비를 우리 학교와 연결시켜보며 선생님들과 학생들의 학습과정과 같다는 생각이 들었습니다.

영조 때 우중림의 말입니다. '글이란 읽으면 읽을수록 사리를 판단하는 눈이 밝아진다. 어리석은 사람도 총명해진다.' 경인년에 발간되는 교지가 우리 학교뿐만 아니라 읽는 분들을 통해서 좋은 이야기와 칭찬으로 넘쳐 나기를 바랍니다.

미국 출신의 성공한 사업가인 빌 게이츠는 '책에서 창조적 지식과 삶의 지혜를 얻었다'고 했습니다. 좋은 교지는 삶의 기쁨과 생기를 불러 일으켜 우리들을 안으로 여물게 하며 자부심을 심어줄 것입니다. 교지는 마음의 수첩입니다.

새잎을 돋아나게 하고 새들이 맑고 고운 목소리로 노래하듯이 경인년 문학의 향기와 서전의 기상이 내 안에 움트고 자라는 지성의 샘터로서 교지가 평가받고 사랑받기를 원하옵고 바랍니다. 소망은 새해의 목표요, 옥 짓는 사랑의 행위이기 때문입니다. 새해를 희망으로 맞이하는 시간 큰 복 지으시길 바랍니다.

비상을 거듭하여 달관한 듯 솟구쳐라

신묘년 들어 목화송이 같은 눈이 하루 멀다하고 매일 수북수북 내려 적설 위에 신설이 되어 희고 고운 눈꽃 세상이다.

순백의 맑은 눈꽃으로 숲이 만들어진 눈부신 새 아침은 너무 밝고 밝아서 깨끗하고 순정스럽다.

이렇게 아름다운 눈꽃 세상에 행복한 새해를 맞이하라고 지인들에게 몇 개의 문자로 띄웠다.

'하얀 눈에 덮인 교정이 아름답게 보인다.'

우리 학생들의 재잘대며 천진스럽게 웃고 떠들어 왁자지껄한 운동장도 고요하게 침묵하고 정적이 감돈다.

어느 해처럼 새 마음으로 희망을 갖고 미래를 설계하고 출발하겠다는 정신이 지적산 자락에서 고요하게 숨을 쉬지만 적막하기 이를 데 없다.

새들이 요란스럽다.

눈 덮인 산천에서 먹이 찾아 가엾은 날개 짓이 가련해 보이는 아침이다.

한없이 고요하고 순정한 새 아침이다.

방학기간은 내내 이런 풍경과 환경이 이어질 것이다. 그러나 학생들이 개학을 하는 봄은 언 땅도 풀리고 얼음장 밑에서 강물소리 찰랑되며 물굽이 되어 흘러내릴 것이다. 그리고 봄이 왔다고 멀리서 수군댈 것이다.

신문을 펼쳐보니 690개 특화 고등학교를 구조 조정해 350개로 정예화 시킨다는 기사가 눈길을 끈다.

특성화고로 '뿌리 기술 인재를 키우자'는 시리즈좌담 내용은 우리학교가 지향하는 미래콘셉트에 딱 들어맞는 맞춤형 정보여서 고무되고 상기된 마음을 금할 길 없다.

특별히 산학 겸임 교원제를 만들어 기술명장을 학교 선생님으로 모셔오고 총 100억원 예산을 투입해 월 300만원씩 보수를 주며 330명의 선생님을 학교에 투입하겠다는 계획이다. 또 해외 인턴쉽을 확대해 전문대나 폴리테크대학에서 운영한 창업 보육센터 활용도를 특성화고에서도 시범케이스로 한 번 해보자는 내용은 매우 신선하게 다가왔다.

학교가 미리 현장에서 필요한 기술을 교육해주면 기업체는 엄청난 비용절감 효과가 나타나고 기본학력과 기초 교양에 대한 교육의 피룡성과 첨단 장비가 대부분 영어로 되어있으니 영어교육을 강화시키고 실력을 높여 우수 인재로 키울 수 있다는 내용이다.

또한 젊은이들이 좋아하는 애니메이션, 게임 등의 과목을 특성화고에 만들면 많은 학생들이 몰려 들것이라는 이야기이다. 이 점은 이미 본교에서 학과 개편을 통해 영상 미디어과를 만들어 영상편집실과 스튜디오 및 방송실을 꾸며 교육하고 있는 부분이다.

특히 이주호 교육과학기술부장관은 과거엔 교육계도 특성화고 관심을 덜 갖은 점을 인정하면서 특성화고를 특별히 키우고 육성해서 '뿌리 기술 인재'의 요람을 만들겠다는 각오이다.

특성화고에서 배출될 인재들이 글로벌 시대에서 뿌리 기술을 만들어 가자는 미래교육 샘물 PSM전문 이학석사 즉 professional science master들이 글로벌시대 지구촌에서 존경받는 시대가 활짝 열리고 있는 것이다.

그동안 사다리를 타고 올라가듯 위험한 교육, 보수적인 교육 풍토에서 교육지표와 바침이 달라지는 여건으로 뒤바뀌는 교육 혁명이 새 아침에 열리고 있는 것이다. 그래서 중앙고가 첨단교육을 지향하는 학교로 지역이 관심을 갖는 사랑하는 이유이다. 분권화되지 않은 국토에서 지방색과 생활여건을 극복하고 오히려 지방특성에 맞는 인재를 광주와 전남에서 선발하게 되는 학교가 본교이다. 금년에는 생활관 60인실을 만들어 꿈과 희망을 만들어 학생들이 생활관에서 기숙하면서 미래를 생각하고 꿈을 키워 나갈 것을 상상하면 가슴이 뭉클하고 벅차오른다.

"2011년도 본교 슬로건은 흠(鑫)이다."

지적산 난초들은 연검처럼 비상을 거듭하여 달관한 듯 솟구치는 흠(鑫)으로 지적산 1대간 9정맥에 펴져나갈 것이다.

창의적이고 다양한 컨텐츠 개발로 다양성과 창의적인 생각과 행동을 학생들이 공부하는 학교를 마음에 그려보고 담아보면 즐겁고 신이난다.

낙타는 사막에서 살아가기 위해 물을 육봉에 저장하고 선인장은 몸속에 수분을 저장해서 강한 생명력으로 환경을 극복하고 있다.

낙타의 꿈은 등 뒤에 달린 혹이며 선인장 내부는 부드럽고 보드랍다.

평소 하고 싶은 생각을 많이 하고 재능을 마음껏 발휘하는 목포중앙고교 학생들이 되기 바란다.

문태고 개교 70주년 기념 체육대회

희고 고운 실빛살 가지다마 푸른 잎이 보실거립니다. 또한 줄기마다 여린 잎들이 초록빛을 뽐내며 아름다운 숲을 만들어 내는 경이로운 생명이 약동하는 5월입니다.

이 상큼하고 찬란한 계절에 제29회 문태인의 날과 모교 개교70주년을 기념하는 행사를 함께 갖게 된 것을 매우 기쁘게 생각합니다.

또한 우리 문태고 동문들의 저력이요, 자부심인 문태장학회 10억 선포식을 갖게 된 것도 모든 동문과 함께 뜻 깊게 생각하는 바입니다. 바쁘신 가운데서도 자리를 빛내주시기 위해 참석하신 내외 귀빈 여러분, 재단 교직원 여러분께도 깊은 감사의 말씀을 올립니다.

존경하는 문태 가족 여러분, 우리 모교는 인생으로 치자면 고희를 맞는 70년의 역사를 지닌 유구한 사학의 명문입니다. 우리들은 이 교정에서 꿈과 희망을 키워왔습니다. 또한 국가의 미래를 책임지고 리더하는 많은 선배들을 배출해 왔습니다. 특히 박지원 민주당 원내 대표는 우리의 귀감이요, 자부심입니다.

존경하는 동문 여러분, 오늘은 29회를 맞는 '문태인의 날' 총동문 체육대회를 여는 날입니다. 오늘 행사를 차질 없이 준비해 오신 각 기별 회장단 및 집행부 여러분의 노고가 컸습니다. 그 동안의 노고에 깊은 위로를 드리며 감사드립니다.

존경하는 동문 여러분, 우리의 이상과 청운의 푸른 꿈을 꾸었던 교정에서 다시 모였습니다. 오늘 하루만큼이라도 각박한 시름에서 벗어나 잔주름을 펴고 양푼에 막걸리 한 사발 마시면서 지친 몸과 영혼을 잠시 내려놓고 그 옛날 학창시절처럼 천진난만으로 돌아가 마음껏 생을 노래하시기 바랍니다.

오늘 29회 문태인의 날을 계기로 문태장학회가 10년째 접어들었습니다. 박종남 선배님께서 이사장으로 취임하면서 더욱 새롭고 활기찬 계획을 만들어 발전해 가고 있습니다. 이런 분위기를 감안해서 심사숙고한 끝에 장학기금 달성 10억 선포식을 오늘 갖기로 했으니 그 의미가 크다 하겠습니다.

우리 동문들도 우리의 자부심이자, 문태인의 위상인 선포식에 많은 관심과 협조를 부탁드립니다.

존경하는 동문 여러분, 좀 머쓱한 이야기입니다만, 제가 동문회장을 맡고 있는 동안 많은 분들로부터 문태인들이 잘 나간다는 이야기를 듣곤 했습니다. 또한 단합과 결속력이 대단하고 어려울 때일수록 하나가 되어 굳게 뭉친다는 말도 자주 듣고 있습니다. 이러한 힘은 개미가 천 마리 모이면 맷돌도 굴린다는 속담처럼 여러분 한 사람 한 사람이 모교를 사랑하고 동문들끼리 단합하고 우애한 결과라고 생각합니다. 이러한 것들이 힘이 되어 저는 총동문회장으로서 보람을 갖고 사명을 다하고 있습니다.

금년은 개교 70주년을 맞는 뜻 깊은 해이니만큼 저는 총동문회장으로서 동문들이 앞으로도 어떻게 위상을 높일 것인가를 고민하면서 동문들의 끼와 소질을 함께 창출해낼 수 있는 예술인 모임을 창립시켰습니다. 이는 문화예술이 21세기를 이끌어 갈 것이며 문화와 예술이 우리 사회를 보다 풍요롭게 가꿀 수 있기 때문입니다. 더불어 후배들에게 국가 안보의식과 애국애족의 의식을 보여준 선배들의 발자취를 탐색할 수 있는 육사 방문을 추진하고 재경 · 재광 동문들과 합의되면 모교에 70주년 기념하는 학생 숲 동산을 조성하는 구상도 진행하고 있습니다. 또한 목포에 동문회관을 마련하기 위해 금년 안에 이천만 원을 적립하고자 집행부는 물론 이사진들과 심도 있게 연구하고 있습니다.

존경하는 동문 여러분, 우리 문태학원은 오랜 전통만큼 걸쭉한 인물들이 많이 배출되어 우리 사회의 동량으로 활동하고 있습니다. 명실공히 우리 문태고가 사학의 명문으로 발전되어 가고 있습니다.

오늘 개교 70주년과 29회 문태인의 날을 맞아 더욱 발전되고 도약하는 계기를 동문들과 함께 만들어 가야 되겠다고 굳게 다짐합니다.

4

지역사회를 넘나드는 쓴소리

호남 고속철도 역세권 개발

뜻깊은 5.18 27주년 행사에 광주를 찾은 이용섭 건교부장관이 호남권 건설사 임원들과 간담회를 가졌다. 이용섭 장관은 우리 고장 출신이어서 자부심과 기대가 사뭇 남 달랐다. 이 장관은 인사말에서 건설업계의 현주소와 나아갈 방향을 수치까지 들어 설명하여 신뢰와 함께 업무추진능력에 찬사를 보낼만했다는 실정이다.

열악한 광주 · 전남은 낙후된 건설 환경과 과당경쟁 수주악화로 건설업계는 빈사 상태를 면하기 어렵게 되어가고 있다.

장관 방문에 즈음해서 우리 주택 건설 협회 전남도회 김규룡 회장이 광주고속철도 조기완공을 건의하는 것이 어떻겠냐는 권유가 있어 나는 쾌재를 불렀다.

광주 목포 고속철도는 오송역을 연결하는 21세기 철도산업의 혁명적 시험대가 될 것이라는 것이 나의 지론이요, 역세권을 개발하여 주거기능을 포함시키면 도시공동화 해소는 물론 역세권의 집합시설과 유동인구가 새로운 도시의 모델이 될 것이라고 평상시 생각해왔다. 그래서 자료와 근거를 바탕으로 2006년에는 호남고속철도 역세권개발과 주택사업의 미래라는 주제로 세미나를 김대중 컨벤션센터에서 가진 바 있기 때문이다.

지금 이 시대는 국민계층간 양극화와 동·서간 균형발전이 더욱 심화되고 있다. 노무현 대통령도 지난 해 광주를 방문하여 호남고속철도착공은 경제성만으로 따질 문제가 아니라는 입장을 천명하기에 이르렀다. 국토의 균형발전을 위해서는 꼭 필요한 처방이기 때문이다. 이에 국토개발연구원은 2006년 8월, 호남고속철도 기본계획을 확정하고 오송·광주 구간을 2015년까지 개통하겠다고 발표하였다.

고속철도는 다중시설을 이용하는 사람들을 모두고 도시접근이 용이하기 때문에 역세권 개발로 도시 공동화를 해소할 수 있는 유일한 대안이다. 뿐만 아니라 우리가 테제베(TJV)를 도입할 당시 기술 이전을 전제로 하였기 때문에 고속철의 선진기술을 습득하고 개발하여, 축적된 노하우를 중국 등 동아시아 국가에 이전시킬 수 있는 절호의 기회이기도 하다. 철도가 갖고 있는 정시성, 안정성, 편의성 등으로 승객이 꾸준히 증가하여 KTX 개통 3년만에 승객 1억명 시대를 맞이했다. 이는 국민 1인당 1년에 2번 이상 탄 것으로 집계된 수치이다.

또한 21세기 한국의 교통정책은 도로에서 철도로 그 중심이 개편되어야 한다는 비전이 제시되었고 역세권 개발에 민간자본을 풍부하게 동원할 수 있는 주거 기능을 연계한다면 고속철 주변이 빠르게 변화하여 새로운 도시 모델이 될 것으로 믿는다.

중국의 활발한 개방정책과 함께 동북아물류 거점도시로 급부상하고 있는 광주 · 전남의 미래는 고속철도 조기 착공에 있음을 간과할 수 없는 것이다.

이용섭 장관은 21세기 교통 정책은 철도를 중심으로 이루어 질 것이라는 공감을 표시하고 제시된 기간 내에 성실하게 계획을 추진해야겠다고 확언하였으나, 건의를 했던 내 바람은 좀더 구체적이고 광범위하게 철도 산업의 변화와 개발계획을 논의했으면 하는 아쉬움을 감출 수 없었다.

고속철 역세권 개발은 정부의 재정이나 자치단체의 의지만으로는 한계가 있다고 평소 생각해 왔다.

나는 대한주택건설협회 광주·전남도회장으로서 평소 수도권에 집중된 주택사업과 인구집중을 지방으로 분산시키기 위해서는 지방분권화에 의한 기업참여와 고속철도를 연계한 주거 개발이 필수적이라는 안목으로 신념을 가져왔다. 그렇기 때문에 역세권 개발의 성공적 사례를 일본의 나고야, 프랑스의 릴 역을 그 대상으로 삼아 광주방송를 주관방송사로하여 사례와 발전 과정을 현지 취재하고 심층 보도하였다. 뿐만 아니라 심포지엄으로 연결 발표하여 각계의 관심과 참여를 유도하기 위하여 동분서주하고 있다.

일본의 나고야는 도요다 자동차와 일본철도가 공동으로 참여하여 기업도시의 성공한 사례로 꼽는다. 나고야는 먼저 토지구획정리 특별법에 의한 경관 기본계획과 도시재생특별지구로 지정하였다. 기존의 용적율 1000%에서 1420%까지 420%를 용인하여 경제성을 높이도록 하였다. 그러기 위해 업무시설과 호텔, 백화점, 푸드 시설을 포함한 다중시설을 집중화시키자 일일 역세권을 출입하는 36만 정도의 인원이 통경구간을 통하여 지하철과 지하도 및 대중교통을 이용하게 되었다.

일본의 고베는 어떤가. 10년간의 역세권 역사를 자랑하고 있고 다양한 문화공간의 확장과 이벤트를 통한 문화콘텐츠 개발로 유서 깊은 고베 역사를 내세워 관광객 확보에 나섰다. 1㎞ 육박하는 라면거리를 조성, 푸드 시설과 연결하여 많은 사람들을 끌어들여 전통성과 편의성을 자랑하는도시로 발전하게 되었다.

특히 TJV가 개통하는 시점에 기회를 잘 포착하고 활용한 예로는 프랑스 릴시의 경우이다. 역세권 개발을 통한 도시 발전을 이룩한 사례인데 프랑스 국무총리를 지냈던 피에르 모호와는 퇴임 후 자신의 고향인 릴시에 시장으로 출마하여 역세권 개발을 성공적으로 주도한 인물로 꼽힌다. 한적한 풍경이 펼쳐지지만 L모양의 오피스빌딩은 릴의 역세권을 상징한다.

릴은 파리와 TJV로 40분 거리, 영국과는 2시간, 벨기에 브뤼쉘간은 45분의 거리로 고속철도의 빠른 교통망을 국경으로 연결한다. 내륙 도시가 발전하는 한계를 극복하고 1987년 Eura lille 개발에 착수하여 업무시설, 컨벤션센터, 8개가 넘는 호텔 개발로 섬

유 · 철강 사업의 몰락으로 인구 18만의 도시에서 22만으로 증가하는 역세권 도시개발의 qualty사례로 대표되고 있다.

특히 추진 과정에서 1995년 프랑스에 몰아닥친 경제침체 위기에도 꾸준히 계획을 진행하여 지금은 Eura lille2 프로젝트가 계획되어 전 시설에 지하주차장을 마련하고 완충녹지를 접목하여 주거시설을 연계개발 한다고 Francois 주택 국장은 자랑스럽게 말한다. 이런 사례를 보듯 광주시도 고속철도 개통으로 인구 300만을 목표로 삼고 문화도시와 역세권을 연결한 도시 개발에 주거기능을 포함시켜 관광객과 집합인구의 효율적 관리를 목적으로 한다면 문화와 삶이 함께 공존하는 이상적 도시 형태가 될 것으로 확신한다.

특히 역세권은 도시계획의 정비와 함께 인센티브를 주어 특정지역과 특별관리를 할 수 있는 행정적 지원이 절대적인만큼 개통되는 2015년까지 미루고 바라볼 것이 아니고 지금부터 계획하고 추진하여 고속철도가 개통되는 시점에 업무와 쇼핑, 푸드, 웨딩, 영상 등 다중시설이 동시에 준공 이용되어야만이 역세권 개발의 시기를 놓치지 않을 것으로 판단한다.

특히 정부재정이나 자치단체의 의지만으로 한계가 있는 만큼 민자유치가 이루어져야 될 것이고 용산역이 역세권개발의 좋은 사례가 될 것으로 믿었지만 획일적인 구획의 난립으로 어수선한 느낌을 배제할 수가 없다.

그러나 용산역은 유동인구와 역세권을 이용하는 사람들이 꾸준히 증가하고 있고 인근에 주거시설과 복합시설들이 속속 건립되고 있으므로 역세권으로 기능과 수요가 공존하여 역세권으로써 자리 메김이 가능해질 것으로 판단된다. 이제는 오송과 광주 목포를 연결하는 호남고속철도 착공을 계기로 지역거점과 역세권을 연결하는 성공적 개발사례가 될 수 있도록 다함께 관심을 갖고 노력 할 때이다.

클라이슬러의 아이야코카 회장은 아무리 훌륭한 판단이라도 시기를 놓치면 그것은 잘못된 결정이라고 했다. 선택과 시기가 중요함을 일깨우는 말이다.

호남 고속철도 역세권 개발과 도심 활성화 방안 심포지엄 대회사

아침·저녁으로 소슬한 바람이 찬 이슬을 만들어 가을을 불러오는 8월의 마지막 날입니다.

평소 존경하고 신뢰받는 의정 활동과 큰 틀의 비전을 만들어 믿음과 희망을 주는 국회 김동철 의원님, 전국 7천여 주택 사업자를 대표하고 지난 해에 이어 금년에도 호남고속철도 역세권 개발과 분권화에 의한 도시 주거 개발사업에 아낌없는 지원과 관심을 보여주신 우리 협회 고담일 회장님, 또한 우정과 양해의 미덕으로 본 사업을 공동 주최하여 행사가 성공적으로 마련될 수 있도록 협조해주신 대전·충남도회 정성욱 회장, 전북도회 윤여웅 회장, 제주도회 이상운 회장, 강원도회 최평규 회장, 충북도회 김영세 회장께도 감사의 말씀 드리고, 특히 오늘 심포지엄에 참석하신 본회 정종균 상근부회장을 비롯한 관계자 여러분에게 한없는 경외스러움을 표하는 바입니다.

지난 해 호남고속철의 역세권 개발 발전 방향과 주택건설 활성화를 위한 세미나를 개최한 바 있습니다. 금년에는 야심찬 계획으로 주요 역세권개발 사례를 영상자료와 현지 르포를 통해서 더욱 구체적으로 발전 사례와 개발 방향을 심층·분석해서 자료화하고 의미있는 대안과 토대를 만들 수 있는 계기를 마련하게 되어 매우 기쁘게 생각합니다.

여러분, 지금 이 시대는 분권화에 의한 동·서간 국토 균형발전이 더욱 심화되고 사회 양극화로 인한 계층간의 갈등 또한 심각한 수준에 이르고 있습니다.

매년 지방 인구는 감소되고 수도권으로만 인구가 집중되고 있는 현실을 어떻게 하면 해결할 것인지, 그 방향은 무엇이고 어떠한 문제점을 모색해야 될 것인지를 항상 염려하고 고민해 왔습니다.

금년에 치뤄진 뜻 깊은 5 · 18 27주년 행사 참석을 위해, 광주를 찾은 이용섭 건설 교통부 장관도 21세기 한국의 교통 정책은, 도로에서 철도로 그 중심이 개편되어야 한다고 비전을 제시한 바 있습니다. 21세기는 철도산업, 특히 역세권과 연계된 주거개발이 새로운 도시 모델이 되어 혁명적 시험대가 될 것으로 확신하고 있습니다. 특히 고속철 역세권 개발은 정부의 재정이나 자치단체의 의지만으로 한계가 있다고 믿습니다.

고속철 역세권과 주거개발을 연계함으로써, 풍부한 민간자본이 유입되고 유동인구 또한 늘어난다고 믿기 때문입니다.

저는 영상 자료에서도 방영된 바 있는 일본 나고야, 고베, 프랑스 릴역을 직접 방문하여 발전과정을 현지 취재하고 심층 분석된 자료를 토대를 오늘 세미나를 개최하고자 합니다.

나고야는 도요다 자동차와 일본철도가 공동 참여하여 토지 구획정리 특별법에 의한 경관 기본계획을 수립하고 도시 재생특별지구로 지정해서 기존 용적율을 1천%에서→1천420%까지 경제성을 높이고 다중시설을 역세권에 포함시켰습니다. 또한 프랑스의 릴시는 TJV가 개통하는 시점에 기회와 찬스를 활용하여 인구 18만으로 죽어가는 도시를 인구 22만의 활력있는 도시로 발전 시켰습니다. 프랑스 국무총리를 지냈던 분이 시장을 맡으면서 고향인 릴에 역세권 프로젝트를 직접 계획하고 추진한 감동 깊은 사례가 인상 깊게 느껴집니다.

이런 사례를 보듯, 광주시도 고속 철도 개통으로 인구 300만을 목표로 하여, 문화도시와 역세권을 연계 개발해 관광객과 집합인구를 효율적으로 묶어두는 관리에 중점을 둔다면, 문화와 삶이 공존하는 이상적 도시 형태가 될 것으로 믿습니다.

특별한 애정으로 행사가 있기까지 관심과 지원을 아끼지 않으신 중앙회 고담일 회장을 비롯한 임원 여러분에게 다시 한번 감사드립니다. 특별히 방송후원을 해주신 광주 방송국 보도 관계자 여러분, 오늘 주제 발표를 해주실 충남대학교 오덕성 교수님, 광주대학교 노경수 교수님, 나고야, 고베, 릴 시를 함께 동행하여 많은 방향을 모색하고 대안을 만들어 오늘 사회를 맡으신 조선대학교 조용준 교수님께도 노고와 고마움을 전합니다.

존경하는 내빈 여러분, 그리고 참석해 주신 관계자 여러분, 지금은 블루오션을 창출하여 생각을 바꾸고 안목을 키워야 할 때입니다.

노무현 대통령도 호남고속철도는 수익성만으로 따질 사안은 아니고 국토 균형발전의 축에서 접근하자고 천명한 바 있습니다.

국가적 철도 산업이 혁명이 되는 원년을 이곳 광주에서 만들어 갑시다.

21세기 동북아 물류 중심 도시가, 광주·전남이 될 것을 믿고 다 함께 노력합시다.

미래가 있다고 믿는 자에게,현실이 열리는 법입니다. 아무리 훌륭한 판단이라도 시기를 놓치면 그것은 잘못된 결정이라고 했습니다.

선택과 시기가 중요할 때입니다.

오늘 행사를 준비하는데 심혈을 기울여 주신 우리 도회 신수의 처장을 비롯한 임직원 여러분에게, 그 동안의 노고에 위로를 보내면서 인사에 가름하고자 합니다.

21세기 철도산업의 트랜드, 역세권 개발

고속철 2012년 조기완공 가능한가?

국토 해양부가 호남고속철도 2012년 조기완공이 사실상 불가능하다는 보고서를 작성한 것으로 알려져 파문이 일고 있다. 호남고속철도 건설은 대선공약이니 지금도 유효하고 전국 5+2 광역경제권 방안에도 호남고속철도 조기완공추진이 포함돼 있다고 청와대가 확실히 짚고 넘어가 다행스럽다.

'제일 위험한 상황은 희망이 없어진 상황이다' 사회 곳곳에서 지난 정부의 기대와 희망이 무너진 상태에서 이명박 정부가 들어서자 무엇인가 기대하는 것을 풀어줄 것이라는 사회적 분위기가 새로운 가능성으로 희망이 샘솟는 듯하다.

호남 고속철도가 2012년에 준공 될려면 5년의 기간이 필요하다. 지금부터 시작한다고 하더라도 철도가 지나는 해당지역 도시계획 변경협의→용역의뢰→예비타당성 조사기간→실시설계→예산확보→공사발주 착공에 공사기간까지 감안하고 새로운 역사를 건립하기까지 지역민들의 토론과 합의까지 감안하면 턱없이 부족한 기간이다.

고속철도 정차역은 '21세기 철도 산업의 혁명적 변화'를 실감할 수 있는 대역사요, 지역민에게는 절호의 기회이다.

어떤 인식과 아젠다를 가지고 접근하느냐에 따라 순간의 선택이 백 년을 좌우할 것이라는 말이 실감날 것이다. 역세권개발은 신칸센이 지나는 일본의 고베역과 나고야역이 대표적 개발 사례가 될 것이다. 고베 역사는 역세권내에 문화공간과 웨딩시설 및 영상관을 비롯한 호텔 푸드패션 시설까지 역사적 고찰을 함께 할 수 있는 친수 공간으로 개발하였다. 나고야역도 도요다 자동차와 일본철도가 공동참여하였는데 토지구획 특별법을 제정하고 기업형 랜드마크적 오피스 빌딩, 역세권 도시로 리모델링하고 업그레이드시켜 새롭게 디자인한 성공적 사례이다. 도시경관 기본계획을 수립하고 도시 재정 특별지구로 지정해서 기존 용적율을 천 프로에서 천사백이십 프로까지 경제성을 높여 민간자본의 유입을 가능케 한 사례는 벤치마킹대상으로 포커스가 될 것으로 믿는다.

또 프랑스가 TJV가 개통하는 시점을 적절히 활용하여 인구 18만의 죽어가는 도시에서 22만의 도시로 변화시킨 한 예로, 프랑스 국무총리를 지낸 분이 고향의 발전을 재생시키고자 시장을 자임하여 역세권 프로젝트를 직접 계획하고 추진하기도 하였다.

광주시도 고속철도 역세권 개통으로 인구 300만을 목표로 문화도시와 역세권 개발을 연계 발전시킨다면 문화와 삶이 공존하는 이상적인 도시 형태가 될 것이다. 임성역세권 역시 전남도청 이전과 임성지구 개발로 신도시 형태의 역세권 개발로 인해 민간자본이 충분히 유입될 수 있는 가능성이 많은 지역이다.

신행정복합도시 수도권의 오송역→송정리→임성역이 역세권개발의 시험대가 되어서 국토균형발전의 축이 마련되고 사회양극화로 인한 동서간의 격차해소 등 수도권으로만 몰려드는 인구 분산효과를 노릴 수 있는 기회라고 믿는다.

21세기 철도산업의 트랜드는 역세권개발에 달려있다. 늦었다고 생각할 때 시작해야 한다. 철도청과 긴밀한 협의가 이루어져야 하고 자치단체장의 의지와 철학이 담겨진 도시계획의 틀을 짜서 시민들의 공론을 거쳐야 한다. MB정부에 공약을 지키라는 촉구만 한다고 될 일이 아니다. 공약을 지킬 수 있도록 고속철도 주요 정차역의 지도자와 시민들의 소망이 담겨진 프로젝트가 마련되야 할 것이다.

고속철도 역세권 개발은 이 기회를 놓치면 백 년 후나 재건립되는 대역사로 추세변동경향을 백 년을 내다보는 안목으로 접근하여 계획하고 만들어야 한다.

호남 저속철 인재(人災)라는데 이견이 없다

고 노무현 대통령은 '호남고속철도 건설은 경제성만으로 따질 수 없다. 지역 균형 발전 차원에서 추진되어야 한다. 분권화를 꼭 만들어 내겠다.'고 다짐했다.

당시 이용섭 국토부 장관은 도 건설협회 간부들과 갖은 간담회에서 역세권철도 산업에 관해서 내가 질문했을 때 우리나라는 도로가 시골 구석까지 포장되어 불편이 없게 되어 도로에 투자하는 시대는 끝났다고 본다면서 21세기는 국가 산업이 철도산업 중심으로 바뀔 것이라고 전망했다.

또한 정종환 현 국토부장관은 오송→송정 구간을 2014년, 송정에서 임성 구간을 2017년에 완공하겠다고 여러 공식 석상에서 확인했다.

친환경 에너지 절약 사업으로 정의되는 미래를 여는 역세권 개발 사업은 역세권과 역세권을 동시에 빠른 시간대로 연결하는 사업인데 왜 송정→임성 구간이 2017년인가? 아니, 정치권에서는 한심스럽게 뒷짐만 지고 있는가? 시민들의 목소리는 아예 침묵하고 있는가? 내심 불만스럽고 걱정스러웠지만 참으면서 지켜보기로 했다. 종착역에 있어야 할 차량기지가 송정역으로 결정되었다는 발표에도 모두가 침묵했다.

언론에서 송정→임성 구간이 기존 철도 노선에 시속 180㎞ 정도의 저속철로 건설하겠다는 국토부 발표가 있자 충격을 받은 듯 목포시민들이 거리에 나서 성토하겠다고 아우성이다.

우리 사회가 아무리 무지하기로소니 이럴 수는 없을 것이다.

도지사는 고속철도가 무안공항을 경유하라하고, 나주도 통과역으로 하자고 주장했다. 뿐만아니라 함평 주민들도 함평을 끼워 넣자는 등 많은 요구가 터지자 경제성과 시설구간의 문제점을 들어 저속철로 계획을 슬그머니 바꿔 발표한 것 같다.

그러나 꼼수는 언젠가 더 큰 후유증과 역풍을 부른다. 분과 초를 다투는 역세권의 개념과 미래 동력이 될 호남고속철도 사업을 원칙과 개념을 중시해서 광주 송정과 목포 구간을 동시에 개통할 수 있도록 해야 될 것이다.

사회 곳곳에서 MB 정부의 불신이 커져가고 정부에 기대와 희망이 무너진 상태가 도출되고 있다. 지역 정서를 이용만하지 통합하는 새로운 수단이 엿보이지 않는다.

국민정서에 있어 정부 관계자들이 필히 염두에 둘 것이 무엇인가? 제일 위험한 상황은 희망이 없어졌다는 것이다.

21세기 철도산업의 혁명적 변화를 기대했던 지역민에게 실망과 좌절을 경험하게 하는 것은 나쁜 짓이다.

프랑스 피에르 모호헴 총리는 시골마을 릴에 고향을 둔 사람이다. 그는 총리직을 그만두고 시장에 출마해서 TJV가 그의 고향 릴을 통과해서 동유럽과 북유럽을 연결하는 역세권 개발을 추진하여 도시를 리모델링하고 역세권 프로젝트를 직접 계획하고 추진한 드라마 같은 인물이다. 그렇게 해서 18만의 죽어가는 도시에서 매년 인구가 5천명씩 불어 역세권 개발의 성공적인 사례를 도출한 주인공이 되었다.

고속철도 역세권 개발은 한번 기회를 놓치면 백 년 후나 재추진되는 사업으로 백 년을 내다보는 안목으로 접근하고 만들어야 한다.

일본 나고야를 보자. 나고야 역은 도요다 자동차와 일본철도가 공동 참여하여 토지구획 특별법을 제정, 기업형 랜드마크를 형성한 쌍둥이 오피스 빌딩 건립도 시경관 기본 계획을 제정 특별지구로 지정하고 민간 자본이 참여할 수 있도록 용적률을 1,000%에서 1,420%까지 경제성을 높여서 호텔, 팬션, 마트, 푸드, 웨딩시설, 대형 영화관까지 유치한 성공적인 사례로 꼽힌다.

우리 시대는 지방 분권화에 의한 동서간의 국토 불균형 발전이 더욱 심화되고 사회 양극화로 인한 계층간의 갈등 또한 심각한 수준에 이르고 있다.

임성역이 역세권으로 개발되면 구도심 공동화 현상이 가속화 될 것이라는 것은 기우에 불과하다. '구더기 무서워 장 못 담근다'는 속담이 있다. 그 꼴이다.

역세권으로 개발된 이익을 구도시 정비사업과 리모델링 사업에 투자하면 되는 것이다. 또한 철도연결도 가능하다.

정부가 임성역을 종착역으로 하는 상징적 개발에 나서서 투자 계획을 발표해도 대다수 국민들이 공감할 것이다.

철도공사가 서울시와 합의하여 용산에 국제 업무시설 지구를 건립해서 물류 복합형의 신도시를 만들겠다는 야심찬 계획을 추진하고 있다.

시골일수록 지방 재정이 열악하여 정부 재정에 의존하고 있지만 자치단체에서 안목과 의지만 있으면 SPC 등 풍부한 민간자본을 유지해 사업추진을 할 수 있다고 믿고 있다. 지역 거점과 역세권을 연결하는 사업이 지역 이기주의로 인해 상실되어서는 안된다.

클라이슬러 아이아코가 회장은 아무리 훌륭한 판단이라도 시기를 놓치면 그것은 잘못된 결정이라고 했다.

선택과 시기가 중요한 시점에서 꿈의 시간대인 고속철도 역세권 개발을 유비쿼터스로 구축하고자 하는 선구자들이 거리로 뛰어 나와야 한다. 그리고 봉기하고 궐기해야 한다.

우리는 공감의 시대에 살고 있다. 미래가 있다고 믿는 자에게 현실은 열리는 법이다. (2011.4.8, 목포투데이)

고속철도(KTX) 시승기

비 내리는 호남선…

'목포행 완행열차' 노래가사에서도 배어있듯 왠지 서글프고 느린 분위기가 서려있는 종착역 목포!

단군 이래 최대의 국책사업으로 한국철도 100여년 역사상 괄목할 만한 기술 성과로 4월 1일이면 개통하여 전 국토 전철시대의 서막이 열리는 대역사가 이루어진다. 이에 사전준비와 점검을 위한 시승행사와 시험운행이 순조롭게 진행되고 있다.

2002년 2월 11일, 1914년 호남선 철도가 개통해서 무려 90년 만에 복선에 의한 고속전철 시승 행사에 상공회의소를 대표하여 참석했다. 철도 역사의 변화를 느끼지 못한 종착역의 초라함, 경제적 이익이나 고속 전철 사업의 업무 영역을 느낄 수 없는 경직된 대합실, 엄청나게 변화되어 있을 구석구석에는 케케묵은 냄새마저 풍긴다.

그래도 대한항공 1차 합격자들로만 13:1의 경쟁을 뚫고 합격한 날씬하고 어여쁜 복장의 여승무원들의 안내를 받으며 밀려나듯 열차에 몸을 실었다.

고속철도는 고속으로 운행하는 열차에 의해서 발생되는 구조물의 공진현상과 고주파 진동에 기인하여 달리며, 레일의 장대화는 레일의 90M까지 길이가 이음새가 없고, 조인트 방식 없이 접합 용접으로 이음새를 처리했기 때문에 여름에는 40°까지 온열에 견딜 수 있다. 뿐만 아니라 겨울에는 영하 20°까지 온도의 변화에도 수축 팽창이 없는 기능성 레일 위를 달리기 때문에 덜커덩거리는 소리가 없이 미끄러지듯 달리니, 우선 출발이 좋다.

당일 일정과 시승 행사의 목적을 알리는 방송 요원은 훈련의 부족 탓인지 세련된 말솜씨를 발휘하지 못하나 성의를 다하여 시승 행사 일행을 환영하고 일정을 소개했다.

우리나라에 철마가 달리기 시작한 것이 1899년 9월 18일이다. 그로부터 1세기가 지나 고속전철 시대를 맞이하니 옛일을 기억하는 사람은 모두 감회 또한 남다를 것이다.

행남사 김준형 회장이 90살인데, 호남고속전철이 본인의 나이와 같은 시기에 개통하여 기쁘다며 노구를 이끌고 감격을 이야기할 때는 향토기업을 고집스럽게 지켜왔던 어르신에 대한 존경심이 샘솟았다.

국내 철도 기술이 도약하는 기틀이 마련되었고, 노반, 궤도, 전력, 신호차량까지 다양한 기술로 이루어졌기에 감격 또한 새롭다. 특히 터널 통과시 급격한 공기압 변화를 승차 안전감으로 역학적

상태를 유지하게끔, 과학적인 근거와 상태를 이룩하여 만들어졌다니 자부심 또한 대단하다. 그런데 현대 고속 전철이기 때문에 인체공학적으로 설계되었다는 열차 내부가 왠지 불편하고 답답하여, 역주행시 느껴지는 거부감이 심히 염려된다.

목포에서 임성역 까지는 전체 호남 복선화 구간 중 7공구인데, 주관사인 경남기업과 우리 근화건설이 공동 콘소시엄을 구성하여 공사를 했기에 늘 보람과 관심이 있었는데, 좌석의 협소함 때문에 설이나 추석 귀성객 특별열차 같다고 농담을 건네자, 좌중이 모두 웃어버렸다.

목포에서 대전까지는 150KM로 운행된다. 열차 내부의 청정 공기 시스템은 첨단시설 때문인지 내부 환경이 괜찮은 것 같다.

1시간 가량 달리던 고속철이 서해안 고속도로와 마주하는 구간에 이르자 떠오르는 생각이 있었다. 환 황해권 경제 개발의 중추 동맥이 되고 있는 서해안 고속도로도, 21세기 물류 중심 국가로 부상하겠다는 야심찬 계획도 이 도로와 함께 할 것이라는 생각이다.

당시 서해안 고속도로 착공을 앞두고 당국에서는 경제적 이용 가치와 이용객들의 수요부족 등으로 논리를 앞세워 얼마나 착공을 미루어 왔던가? 길이 뚫리면 사람이 몰려온다는 속성을 왜 몰랐을까 하는 아쉬움이 만시지탄으로 이어지지만, 서해안 시대는 이미 시작되었고, 희망 또한 장대할 것이다.

이는 호남고속철도사업이 1987년 12월, 호남선의 고속전철

화 사업의 추진을 선거공약으로 발표하면서 논의가 시작됐다. 건설기본계획이 1994년 검토되기 시작했고, 1997년 완료되었으나 IMF 사태를 계기로 여러 가지 논란 및 의견의 제기로 2001년 재검토를 시행한 결과. 2003년 7월 4일 시행 예정으로 공개된 자료에는 서울에 새로운 역을 두어 이 역에서 경부고속철도와 연결되는 지점까지이다.

그리고 분기점에서 익산까지 신설하는 방안이 바람직하다고 평가되면서 전 구간 신설시 개통시기를 향후 건설기간, 사업 준비 등을 고려하여 2015년으로 잡았다.

사업비는 13조원에서 15조원이 필요하며, 서울에서 목포까지 83분에서 90분이 소요된다고 한다.

고속철도를 시승하며 아직은 미약하지만 새로운 목포시대, 또는 새로운 서해안 시대가 서서히 열리고 있다는 희망을 예감하게 된 것은 분명하다. (2004.3.9, 항도신문)

'동북아 물류중심 전남'을 그리며

동터오는 영산강, 아름다운 하늘길도 많이 달라졌다. 대한항공과 아시아나항공이 경쟁하며 서울을 오갔던 하늘길. 이제 하루 한 편이다.

목포에서 서울까지 407㎞, 고속철로 시속 350㎞로 달리면 1시간 20분거리이다. 그런데 고속철도라는 KTX가 3시간 20분대에 달리고 있다. 21세기는 시간과 속도가 보편화 된 세상인데 한심스럽다. 그래서 나는 항공편이 좋다.

전남은 3면이 바다이다. 삶이 들끓는 바다. 고독과 적막의 밤을 견디고 살아왔다. 일렁이는 파도 소리가 귓가에 생생하다. 훈훈하게 불어오는 바람을 맞으려 창문 열고 얼굴 내밀어도 어둠뿐이었다. 칠흑같은 밤, 파도소리 출렁이는 소리에 설잠을 잤다. 뱃고동 소리 요란하고 왁자지껄한 선창가를 떠올려 본다. 저 까마득하고 끝없이 넓고 깊은 생명의 고향, 그 바다에서 연보라 향기를 맞고 싶다.

그 향기이 원천은 고동소리이다. 소리 질러보지만 미지의 바다이다. 콘테이너 부두, 크루즈여객선 전용부두가 있었으면 좋겠다. 사람과 물자와 돈과 정보가 몰려드는 허브 전남을 그려본다.

인천은 갑문식토크로 열악한 해안조건을 극복했다. 우리 목포도 세계의 대표적 물류 중심지인 암스테르담, 로테르담, 안트와프, 코펜하겐, 싱가포르, 홍콩을 모델로 청사진을 만들어야 한다.

세계로 가는 길목을 잡아야 한다. 항로가 물류비를 절감시키고 운송길을 넓혀 융성한 산업의 언저리가 될 것이다. 그런데 자연의 보고와 입지적 조건을 드러내놓고 '아껴놓은 땅'이라고 시간을 흘러 보내고 있다.

이제 더 이상 도란도란 이야기하며 끼루룩 갈매기 노니는 낭만은 어디에서도 찾아볼 수 없다. 바다의 삶이 지친 사람들, 지겹다고 떠나간 사람이 많은 탓이다.

선창 사람들에게도 삶의 가치를 만들어 줄 동북아 물류 중심의 개발 전략이 슬그머니 꼬리를 감추고 드러낼 줄 모른다. 물 내음이 나는 바람처럼 조선산업이 호황이다. 이 기회를 놓쳐서는 안된다. 아무리 올바른 분석이라도 늦게 이루어진다면 잘못된 결정이다. 항구에 대형 선박이 두둥실 꽉 찼으면 좋겠다. 문화예술 테마파크를 조성해 한류의 하늬꽃샘을 만들면 좋겠다.

전남 특유의 특성도 살려야 한다. 결집된 도민의 저력이 살아 숨쉬고 있다.

체온이 뜨겁게 남아 있어야 죽음을 가늠할 수 있다.

1896년 8월 창설되어 111년의 역사를 지닌 전남도이다. 뽕잎에서 실을 뽑으면 무엇이 남을까? 그건 텅 빈 공간일까? 허공일까? 무거운 생각으로 점철돼 온 세월이다. 가벼워진 몸으로 그저 하늘을 날면 얼마나 좋을까?

바쁜 꿀벌은 슬퍼할 틈이 없다. 우리가 살고 있는 시대는 글자에서 비트로, 인문주의에서 기능주의로, 사유에서 정보로 직선적으로 발전할 것이다. 사상이나 이상을 갖고 살아가는 것은 영원한 기쁨이며 즐거움의 꽃이기 때문이다.

서남권을 조선 물류클러스터 단지로

올해 들어 겨울답지 않은 포근한 날씨가 계속 이어지고 있다. 나라경제나 우리 건설산업에도 이처럼 따뜻한 날씨가 되면 좋겠는데, 우리나라 주택건설 시장은 한겨울 맹추위가 여전히 기승을 부리고 있다.

분양원가 공개, 분양가 상한제 민간아파트까지 확대, 이런 정책들은 부동산 시장 안정을 위한 것들이라고하지만 이로 인해 국민들이 겪고 있는 혼란스러움은 애초 정부가 예상한 안정적인 주택시장과는 거리가 멀어도 한참 멀기만 하다. 과연 무엇이 나라경제를 살리고, 주택건설 시장을 안정시켜, 건설업을 하는 사업자들이나 집 없는 서민들이 모두 도움이 되는지에 대해 다시 한 번 진지하게 고민해야 할 것이다.

얼마 전 나는 이런 최근의 주택시장 위기와 관련하여 대한주택건설협회 회장단 긴급회의차 서울로 가는 비행기에에 탑승했다. 그때 마침 옆자리가 현대삼호중공업의 강수현 사장이어서 자연스럽게 이런 저런 이야기들을 나누게 되었다.

강 사장은 내가 최근 분양하는 아파트의 분양실적을 물어보았다. 난 그저 사업할만큼은 된다고 말하였지만, 사실 목포에서의 주택건설사업은 여러 조건이 열악하여 여의치 않은 게 사실이다. 그러다 보니 자연스럽게 목포의 시장 상황을 이야기하게 되었다. 우선 유입 인구가 없어 경제기반이 취약한 여건을 설명했다. 하지만 삼호중공업의 30~40대 젊은 직장인들이 안정된 수익을 바탕으로 교육문제 때문에 15%의 계약성과를 보여줬다고 덕담을 건넸다.

또한 남악신도시가 성공적으로 자리를 잡아가려면 여러 가지 어려운 문제들이 있다는 점을 이야기 했다. 우선, 유관기관 이전이 전혀 이루어지고 있지 않은 상태에서 도청, 교육청, 도경찰청 등 이전이 확정된 직원들도 맞벌이 부부가 많고 교육문제 등 생활편의 때문에 전혀 움직임이 없는 점을 지적했다. 그나마 삼호중공업이 하당 경기를 견인하고 지역경제에 큰 보탬이 되고 있는 것이 현실이다. 이것은 주택건설 경기의 문제가 아니라 야심차게 계획한 남악신도시의 성공이 목포의 전반적인 경제를 되살리는 견인차가 될 수 있다는 점에서 매우 중요하다고 역설했다.

더불어 목포항도 싱가포르 쌍카, 호치푸항만 개발회사, 밀레니우스 선사, BLG, MAN자동차 등 활발한 회사를 불러 모으고, 환황해권 거점도시인 목포권을 조선 물류를 중심으로 발전을 시도할 수밖에 없음을 말했다. 또한 동아시아국가의 풍부한 농수산물을 가공처리해서 제품화하여 수출하는 것도 이 지역의 중요한 선택일 수 있다는 생각도 밝혔다. 광주와 무안공항이 지역민들에게 반목의 원인을 제공하고 있는데 무안공항을 싱가포르 국제물류 그룹에게 위탁관리하면 하물처리가 글로벌로 연결이 되기 때문에 흑자를 낼 수도 있고 기능도 명분도 취할수 있다는 것을 강조하면서 "이와 필수적으로 냉동컨테이너 등 함평만을 오가는 바지선 등 중형조선소 건립도 중요하다. 수심개발은 갑문식도크를 이용한다든지 갯벌을 보전하면서 준설도 가능하겠지요."

이러한 나의 의견에 강사장은 "중형조선소 집단 클러스터가 조성되면 조선인력 확충이 오히려 더욱 활발해지고 인구 유입효과도 늘어날 것입니다. 목포를 무안, 신안과 함께 물류 집합지로 서남권 발전의 축을 만들어야 합니다. 거점도시로 동북아물류의 가능성이 있지 않습니까? 인천이나 평택항이 대중국 교역으로 거듭나고 있듯이 말입니다."

맞는 말이다. 그리고 실제 가능한 계획이라고 생각한다. 정말 이제는 목포시민 모두가 마음을 모아 잘 사는 목포, 활기찬 목포를 만들기 위해 지혜를 모아야 할 때이다. 이야기가 목포의 경제 이야기로 계속이어졌다.

강사장은 삼학도대교 건설과 관련해서도 멘트한다. 바다에 다리를 많이 놓는 것보다는 현 하구둑을 이용하여 도로를 확장하는 것이 바람직하다는 의견을 피력했다. 나 또한 동감하는 입장을 말하며, 하구둑을 이용하여 서울 한강 잠수교처럼 이중도로를 만들어도 가능하겠다고 말했다.

이런 저런 이야기가 끊이지 않고 이어지던 중 옛날 같으면 북두칠성이 인도하고 바라만보고 갔을 서울길. 수많은 아파트 숲위로 비행기가 출렁거린다. 가고 또 오고 다시 가는 서울이지만 오늘 가는 길은 다른 때와는 많이 달랐다. 내가 몸 담고 있는 나라와 지역의 발전을 위해 비록 짧은 시간이지만 진지하게 머리를 맞대고 이야기 할 수 있었던 그 시간이 너무나 소중하다. 지금 우리에게 필요한 것도 혼자만의 일방적인 결정이 아니라 이처럼 서로 머리를 맞대고 가장 지혜로운 방법이 무엇인가를 찾아가는 일이다.

"큰 물줄기는 절대 옆으로 세지 않습니다. 걱정마십시요"라는 강사장의 격려였다. "그런데 골이 너무 많았습니다." 다 지난 일이다. 바로가면 아무리 굽은 길도 다 펴지는 법. 바르고 따뜻한 사람들이 좋은 뜻을 가지고 모여 함께 나누고 고민한다면 아무리 어려운 역경도 헤쳐나가지 못할 것은 없을 것이다.

행정구역 통합 지역에 사는 사람들

도시계획 연구가들은 이상적인 인구를 50만까지를 자족도시 가능 인구로 본다. 삶의 질과 생활의 품격, 도시 기능의 역할, 역동적 사업추진 및 소득향상이 가능하기 때문이다.

"잘 살아 보자는 게 통합이다."

국내의 시군 통합이 이명박 대통령의 8 · 15 경축사 언급이 있은 후 행안부 백운현 차관보가 목포를 방문하여 후끈 달아오르고 있다.

무안반도가 통합되면 10년 동안 4천억 원이 지원되고 신안 새천년대교 설계변경, KTX 무안공항 경유, 무안기업도시 지원 등 SOC확충 예산도 우선 배정되고 10년간 현재 목포·무안·신안의 공무원 정원이 보장된다는 파격적인 인센티브가 주어진다고 한다. 또한 특별법으로 구청도 둘 수 있다고 한다.

예전의 통합 논의와는 사뭇 다른 것은 주민 2%만 통합에 서명하면 여론 조사를 실시하고 해당 시군의 50%가 넘으면 의회 동의를 거쳐 통합할 수 있게끔 절차도 완화되었다 한다.

그러나 무안반도 통합 논의를 놓고 지역간의 골이 깊어지고 갈등이 재연 될 조짐과 우려가 곳곳에서 나타나고 있다. 무안 군민의 정서가 이해득실보다 피해의식이 워낙 강해 목포시를 불신하고, 반대의 소리에 귀를 기울이지 않는 목포시에 불만이 많기 때문이다.

통합의 큰 틀은 부족한 힘을 모아 공동의 이익을 창출 하는 것이다.

예전에 나는 목포 상공회의소 15대 의원으로 통합 상황실장의 소임을 맡아 새벽같이 출근하여 달빛을 보며 목포 · 무안의 통합을 위해 뛰어다니면서 혼신에 노력을 기울였으나 회한의 눈물만 머금고 아쉬움을 달랜 적이 있다.

그 후 민주당 오남택 무안 군수 후보를 도와 통합을 이루어 보자는 노력도 실패로 끝나고 통합 반대 세력이 읍 · 면 · 리로 조직화되면서 반대 목소리가 강력한 응집력을 갖는 결과만 초래하고 말았다.

어느 날 오랜 시민운동을 해왔던 신대운 대표가 관주도가 아닌 주민들이 참여하는 서남권 하나 되기 추진위원회를 만들어 공동대표를 맡아 달라는 권유를 받아들여 활동했으나 주민 투표조차 해보지 못하고 또 다시 무산되고 말았다.

통합은 지역의 현안문제요, 후손들에게 부끄럽지 않은 역사를 남겨주어야 할 이 지역에 사는 사람들의 사명이자 책무일 것이다.

지난 역사를 보자. 제2차 세계대전 이후 미 · 소 양국 체제로 굳어지면서 국제적인 지위가 떨어진 유럽에서는 프랑스를 비롯한 6개국이 유럽공동체(EC)를 시작으로 유럽연합(EU)으로 발전하여 국가 간의 화해를 이룩하고 유럽의 번영을 구축하여 침체된 경제를 되살려 잘 사는 유럽을 만들어가고 있다.

우리나라도 비효율적인 행정 도시를 개편하여 능률적이고 높은 삶의 질을 만들어 통합을 하자는데 원칙적으로 반대 할 사람은 없을 것이다.

그러나 정부가 달콤한 일정과 청사진을 만들어 놓고 주민들의 합의만 요구한다면 책임과 철학이 없는 정부라고 지탄 받을 것이다.

정부는 2014년에 이르면 강제통합으로 행정개편을 하겠다고 공언하지만 의회민주국가에서 주민의 합의없는 강제통합이 가능하겠느냐 하는 의구심이 든다. 지방 분권화와 분배정치를 구현했던 고 노무현 대통령도 '위헌'이라는 헌법소원으로 신수도 구상이 무산되고 세종시는 자족도시다, 규모축소다, 테크노 연구중심으로 개발하자면서 논란의 불씨가 예사롭지 않는 상태이다. 설상가상 국민 투표까지 거론되고 있으니 이 노릇을 어찌 할 것인가!

목포상공회의소 주영순 회장이 서남권 통합 추진 위원장 이름으로 기자회견을 하고, 통합하는데 상공인이 나서겠다고 선언하는 것을 보았다. 불신과 역겨움으로 지속적인 반대 목소리가 주변에서 들끓고 있는 상황에서 기자 회견까지 자청하여 통합을 이루겠다는 각오와 결의가 한판승부로 싱겁게 끝나지 않도록 조직적이고 설득력 있는 리더쉽을 발휘하고 상공회의소의 위상에 걸맞는 조치와 행동이 나와야 할 것이다.

기회가 있을 때마다 통합해야 서남권이 발전한다는 소신을 갖고 있는 정종득 목포 시장도 올코트 프레싱 할 수도 없는 어정쩡한 입장 때문에 고민이 깊어지고 가슴 아파 할 것이다.

지방 선거 때 마다 통합을 시장군수 출마자가 정치 이슈로 내건 후보는 없다. 통합과 관련한 정책이나 미래 청사진은 아예 공약에서 흔적도 없는 것이다. 무안에서는 '통'자만 나와도 떨어질 것이 뻔한데 누가 나서겠는가.

목포는 통합실패를 네 차례나 경험했다. "무안군민은 왜 그래?" 하고 개탄할 것이 아니다. 군수나 의회가 동의하지 않는 것도 무안군의 민심으로 보아야 하기 때문이다.

'손바닥으로 하늘 가리는 조짐'들이 일어나고 있다. 누구탓으로 돌려서도 안된다. 정치권부터 시작하여 시군민들이 합심하여 공동 노력하는 기구부터 만들고 손을 맞잡고 웃는 자리를 만들어가야 한다.

각계각층의 노력으로 민심이 움직이고 지금부터 좋은 여론이 형성되어 통합이 된다면 행복한 미래가 보장될 것이다.

그러나 현실은 그렇지 못하다. 그래서 안타깝고 쓸쓸한 마음 금할 길 없다.

공자는 춘추시대에 각 나라를 주유하면서 그 나라의 노래를 들으면 민심과 정치를 알 수 있다고 했다.

책임있는 정치인들이 지역민심을 직접 살피고 살신성인의 정신으로 진정한 통합 노력을 기울여야 공감이 형성되고, 감동이 일어 대화가 열린다고 본다.

지역의 최대 관심사인 무안반도 통합이 네 차례 무산될 때까지 책임진 사람이 한 분도 없었다. 왜 실패했는지, 앞으로 어떻게 대안을 만들어 가겠다는 과정 한 번 없었다. 지속적으로 참여한 경험을 적극 활용하지 못하고, 짧은 생각과 이름 알리기 언론과 방송으로 공방만 이어진다면 결과는 불을 보듯 뻔하다.

호남 고속철도 조기완공은 4대강 사업보다 국토를 시간대로 이어가는 민족의 대 역사요, 철도산업이 세계로 뻗어갈 수 있는 국가 동력인데도 광주는 2015년, 목포는 2017년에서야 개통한다하니 한심스럽다.

1시간대로 이어지는 역세권은 주거와 상업 업무 시설이 공존하여 동시 개통되어야 물류 이동 효과가 창출되는데 지자체간 이해관계로 KTX 임성역 개발이 사각지대에 있다는 것 또한 개탄스럽고 슬픈 일이다.

통합이 되어 WinWin하고 원스톱 처리로 행정이 힘을 발휘하고 후손들을 위한 위대한 유산이 만들어 졌으면 좋겠다.

(2009.10.21, 건설경제)

JC 창립 40주년 회고사

솔개는 40년을 살고 숲속 동굴 깊은 터에 몸을 숨기고 부리를 바위에 쪼아 각을 새롭게 세운다. 그 부리로 발톱을 뽑아 새 발톱을 만들고 새 부리와 발톱으로 헌 날개를 정비해서 30년을 더 산다고 한다.

JC가 창립 40주년인데 나 또한 상업에 접어든지 40년이어서 매우 뜻깊고 의미있게 생각되어진다. 30년을 지역에 필요하고 가치있는 삶을 살기위해 깊은 생각과 비전있는 계획정비를 서두르고 있다. 77년, JC를 입회하여 85년, 회장을 맡기까지 늘 JC가 자부심이었고 부족한 능력을 채워주는 생활과 행동의 근력이 되었거니와 어찌 그렇게 신이나 즐거움이 많았던지 지혜도 모르고 정의감만 충만하여 뛰어다니다 보니 잃은 것도 많았지만 사회를 인식하고 고향을 사랑하는 기본과 능력을 키우는 소득도 있었음을 회고해 본다.

'JC 없이 어찌 사나, JC회장을 못하면 절명하겠다.'고 다짐하여

85년, JC 19대 회장에 당선되자마자 일본 별부 JC와의 자매결연 체결 시 행사 준비에 너무 집착하느라 가족을 내팽개치며 일했다. 아내의 임신 사실도 남의 이야기로 전해듣는 어리석음을 범하고 말았다. 그래서 아내에게 강압적인 언사를 사용하여 유산시킨 아픔은 견딜 수 없는 기억으로 늘 나를 괴롭힌다.

행사장으로 준비했던 해양대 강당이 태풍에 천장이 날아가버린 날, 뻔한 하늘에 쏟아지는 빗줄기를 보며 한없이 눈물을 쏟아 내면서 후속 대책을 밤새 준비했던 결연함과 의연함은 지성이면 감천이라고 하늘은 다음날 화사한 날씨를 보여주었다. 뿐만 아니라 어릴적 기억에 있었던 오자미 던지기를 양국 학생들이 연출하여 '목포 · 별부 소년소녀 결연만세'라는 프랭카드가 오색 꽃가루와 함께 바람에 날리며 쏟아지는 장면은 행사장의 모든 이에게 감동을 주기에 충분했다.

회장을 이임하는 날, 축사를 하는 안주섭 목포시장께서 일본 별부 시장, 교육장을 비롯해서 600여명이 승선한 1,500톤급의 썬프라워가 목포 개항이래 입항한 역사가 없었음을 강조하고 오픈카를 동원하여 카 퍼레이드를 하면서 환영한 국제행사 또한 없었다고 강조할 때는 더 부러울 것 없는 보람을 보상 받은 것으로 여겨본다.

한 사람 한 사람의 JC회원 활동이 JC역사라고 볼 때 사람의 인연 또한 소중한 것이여서 모래를 뒤지다보면 사금파리 하나 건지듯이 고 임상배 회장을 만난 인연 또한 지금의 건설업으로 바꾸는 계기가 되었기에 늘 형님에 대한 그리움과 일찍 돌아가신 안타까움에 마음 저리기도 한다. 당시 목포JC는 축구 우승에 많은 공력과 목표를 세워두고 준결승전에서 분패했는데 나 또한 그 중심에서 겪을 수 없는 고초와 영욕을 함께 했다. 이런 상황을 반전이라도 하듯이 목포에서 축구대회를 주관함으로써 전남지구 전 로칼의 축복과 중앙회의 관심속에 진행되었다. 이때 전남지구 축구대회 역사상 최다 회원 등록이라는 성과와 당시 문희상 중앙회장이 목포역전에서 목포상업고등학교까지 2㎞ 남짓한 거리를 걸어서 시가 퍼레이를 하고 단상에서 나를 비롯한 목포시장과 광주·전남의 32개 로칼 회원의 입장식은 자랑스런 목포 JC와 목포를 소개하는 계기가 되었다. 이후 문 회장은 대통령 비서실장과 당의장을 지낸 경력으로 목포를 방문하여 정당 연설 때 본인이 평생 처음 목포를 방문하여 잊을 수 없다고 강조했던 사실은 파워와 자부심을 증명하기에 충분했다.

나이 이순이면 남의 말을 경청하고 하늘의 뜻을 존중해야 한다는 나이이다.

나도 한때 JC장으로 죽어야겠다고 명예로운 생각도 했지만 JC의 회원들이 너무 의욕과 형식에 급급하여 이기적이 생각으로 예의를 도외시하고 남을 배려하는 마음에 소홀한 점은 없는지 걱정도 되고 염려가 되기도 한다.

'젊음이 가는 길 의롭게 새롭게' 라는 JC사무국의 편액처럼 슬기롭고 현명한 패기를 믿기 때문에 좀 더 사회에서 꼭 필요한 사람들로 성장되기를 바라는 것이다.

'삶의 가치를 소중히 하는 지혜를 바탕으로' 우리 모두 손을 잡고 나를 낳아준 고향 목포와 나를 키워준 JC를 잊지 말고 이 지역이 필요한 사람으로 기억되기를 빌면서, 솔개의 삶을 되새겨 본다.

이용섭 건교장관 초청 연찬회 소회

우리는 아픔과 기쁨으로 뜨개질한 의복을 입고 인생을 걸어간다.

저물어가는 정해년도 희망과 설레임으로 시작되는 한 해가 있어 아쉬움을 뒤로 할 수 있을 것이다.

참여정부 들어 강도 높은 아파트안정대책을 온 나라의 방송과 신문이 연일 뉴스로 풀어냈다.

우리 건설업계가 현대적 의미의 산업으로 태동한 뜻 깊은 60년, 그 동안 우여곡절을 겪으면서 괄목할만한 성장도 있었고, 특히 해외 건설부분에서는 300억＄ 수주를 넘는 쾌거를 이룩하기도 했다.

건설업이 우리 경제를 지탱하고 국가 경쟁력 재고와 행복지수를 만족시키는데 자긍심과 긍지를 갖기도 했지만 국민의 평가는 냉혹하게도 그만큼 상응할 정도의 평가가 있었을까 하는 의구심이 든다.

이런 시기에 이용섭 건설교통부장관이 전국시 · 도의 건설업계 CEO를 상대로 한 연찬회에서 강연을 갖고 향후 업계의 미래를 전망하고 현실을 돌아보는 십계명을 당부했다.

업계에서 보면 어려운 학습 효과요, 부담스럽기까지 했다. 과거를 탈피하고 시장의 도태를 진화와 혁신으로 기업이 살아남아야 하는 소명, 인류가 멸망할 때까지 장수산업으로 존재하는 건설업을 사양산업으로 인식하지 말고 첨단 고부가가치산업으로 키워 달라는 십계명이기에 뜻과 내용을 메모해 보았다.

1. 우리 국민이 3만$ 시대로 진입하는 과정에서 지식정보화시대 글로벌 경쟁시대에 큰 흐름의 메가트랜드를 만들려면 구조조정과 혁신으로 건설업이 신성장산업으로 첨단 리빙산업으로 도약해서 10억을 투자했을 때 18.7명 취업효과를 얻을 수 있다. 뿐만 아니라 건설업은 투자비중의 8%~10%로 인식되는 중요한 산업이니만큼 IT · BT산업과 함께 국가 동력으로 세계를 향한 역동적 산업이 되도록 하기 위해서 노력하자.

2. 과거의 경험을 버리자.
주변이 바뀌고 있다. 혁신은 비우는 것이 중요한만큼 손에 들고 있는 것을 버려야 새로운 것을 집을 수 있다. 과거의 경험으로 새로운 창의적 아이디어가 필요하다.

3. IT 정보 기술 BT생명공학 기술이 건설업과 접목되는 친환경적이고 생명가치를 존중하는 바이오 기술로 접목될 때 지속적 새로운 상품으로 발전될 것이다.

4. 노동 집약적 산업에서 기술 집약적 산업으로 혁신하자.

5. 국민이나 수요자로부터 신뢰를 확보하라. 주택시장은 1인 인구가 증가하고 노인인구가 빠르게 늘어나고 있다. 공공임대나 실버주택이 주요 시장이 될 것이다.

6. 구태를 혁신해서 건설산업의 크린 이미지를 제고 하고 부실부패 불공정 관행을 바뀌어 나가야 한다. 대학생 368명이 건설업 선호조사에서 IT산업 32.6%, 금융 19.2%, 교육업 18.6%, 건설업 6.8% 밖에 안되는 수치가 혹독한 인내의 과정을 필요로 하고 있다.

7. 공간을 넓게 써서 세계로 미래로 뻗어가자
WTO, FTA에 시장이 단일화 되고 있다. 개방경쟁 시대에 블루오션공간을 찾아 나서자. 공간을 넓게 쓰는 조직 산업이 부를 창출할 것이다. 해외 건설 시장 종합센타를 만들겠다.

8. 상생협력으로 동반성장 하자. 숲이 있어야 동물이 산다. 개인

과 기업도 혼자는 못 산다. 사회가 형성되어야 더불어 살아 갈 수 있다.

9. 국제적 기능에 맞게 건설업을 고쳐나가자. 겸업제한을 폐지하고 일반건설업과 전문 건설업을 통합했다.

10. 지속적으로 변화하고 혁신하라. 21세기 초반 화두가 혁신이다. 수도권 지방 대비 아파트건설이 2003년 55%~45%, 2004년 61%늘어나고, 2005년 70% 늘어났다. 매년 10% 증가한 것이다. 미분양이 생길 수밖에 없는 환경에서 공급과잉이 빚은 시장의 힘든 상황의 반증이다. 정부는 절대 투기적 수요 유발을 않는다. 지방 미분양 활성화를 위해 수도권 집값 잡기 위해서 양도세나 종합소득세를 손질해 투기적 수요 유발시키지 않는다. 참여정부가 치솟는 아파트값을 잡기 위해서 사회적 비용지출 너무 많이 했다. 시장이 어렵다고 해서 옛날로 절대 돌아가지 않겠다.

이용섭 장관은 국내외 상황을 논리적으로 설명하고 수치를 들어가면서 좌중을 압권하여 무겁게 했다.

나는 용기를 내어 용감하게 질문을 했다.

산넘어 물건너 제주까지 오신 장관님에게 친근감이 듭니다. 우리에게 십계명을 주셨는데 얼얼합니다. 우리 건설업이 가장 어려운 시기와 상황을 맞이해서 고사위기와 빈사상태를 맞고 있습니다. 몇 가지 질문하겠습니다.

1. 2008년부터 후분양 제도가 실시된다고 하는데 금융제도 개선없이 가능하겠는가?
2. 양도세 종합소득세 등 부동산 대책 손질없이 시장이 형성되겠는가?
3. 균형발전 차원에서 전국에 혁신도시 기공식을 가졌는데 인구 유입책 없이 가능하겠는가?

분위기는 숙연했고 정곡을 찌르는 나의 매너있고 수준 높은 질문 탓이지 진지한 답변이 이어졌지만 원론적 수준이다. 얻은 것이 없다. 새로운 기대와 방향과는 사뭇 다르다. 이렇게 해서 연찬회는 끝났다.

페러다임 변화로 치열한 경쟁이 예고되고 있다.

새로운 시장, 새로운 기술 새로운 상품을 개발하는 도전 정신 환경 변화에 유연하게 적응하자. 새로운 변화를 스스로 창출하자. 현실 안주는 안 된다. 이러한 사실을 누구나가 인식하고 공감할 것이다. 그러나 9월 기준으로 미분양 9만 8천호가 되었다. 극심한 외환위기 때도 10만 3천호였다. 미분양이 더욱 가파르게 늘어가는데 문제의 심각성이 있다.

정말로 가치있는 것은 효율이 떨어지는 영위를 통해서 얻어지는 법이다.

무거운 분위기지만 건배가 이어지고 여기서 저기서 웃음소리가 요란스럽다. 경제인의 여유인가 특별한 분위기인가 싶었다.

5

전문가의 진언

위기는 기회

한낮이 아무리 더워도 아침저녁의 선선한 바람은 가을이 이미 곁에 와 있음을 말해준다. 하지만 건설업계에 드리워진 먹구름은 도무지 가실 기미가 보이지 않는다. 과연 저 구름 위로는 푸른 하늘이 있긴 있을까 싶은 생각도 든다.

공식적으로만 집계된 수치로 15만 가구에 육박하는 미분양 아파트와 금리상승, 프로젝트 파이낸싱(PF) 리스크 확산 등으로 자금줄이 묶인 상황에서 최근에는 미국발(發) 금융위기까지 덮쳤다. 그야말로 사면초가(四面楚歌)가 아닐 수 없다.

우리 사업자는 가만히 있는데 정부에서 주택정책을 집값안정이라는 이유로 이리 바꾸고 저리 바꾸면서 언론의 화두 1순위가 집값상승이었다. 주택건설사업자는 졸지에 죄인 취급을 당한다. 그야말로 가만히 서서 이래저래 뺨맞는 꼴이다.

한때는 산업전사로 추켜세운 고용창출과 경제발전의 8%대를 차지하는 사업이요, 근대화의 주인공들이었다. 그런 주택사업자가 절체절명의 위기를 맞이하고 있다. 풍전등화에 빈사상태다. 주택시장이 공공성이 강해서인지 원가공개에 분양가 상한제까지 위헌소지를 내포한 법들이 쏟아졌다. 그것도 모자라서 종부세까지 만들어 신규주택 수요를 얼어붙게 하여 전국에 아파트 미분양이 15만 채가 넘어섰고 줄 도산하는 업체들 명단이 시중에 공공연히 돌아다닌다.

현재 주택건설업체들은 유동성 개선을 위해 건물 · 토지 · 골프장 · 사업지 등을 잇달아 매각하고 있다. 마치 지난 1990년대 말 외환위기 당시 대다수 기업들이 현금 확보를 위해 부동산 등 자산을 매각했던 것과 비슷한 상황이다. 얼마 전에는 한 중견 건설업체가 최근 기분양받았던 택지를 다시 사달라고 토공에 요청했다. 주택경기는 쉽게 풀릴 것으로 보이지 않는 반면 땅에 자금이 묶여 현금 흐름이 급속히 악화되고 있기 때문이다.

건설업체들이 당면한 유동성 위기는 미분양 문제와 더불어 주택대출규제로 인한 중도금 및 잔금 회수 지연 문제, 부동산 시장의 침체와 수요 위축에 따른 신규 사업추진의 어려움, 미국발(發) 금융위기로 인한 국내 금융권의 초보수적 자금운용 등에서 기인되고 있다.

치솟는 에너지 시대의 대안으로 도시접근이 가능한 대중 철도산업이 21세기 건설사업의 요체가 될 것으로 본다.

이 기회를 활용하여 역세권개발과 도심 재개발 신도시 개발에 정부의 재정적 한계를 민간자본 유치로 역세권을 개발하여 신도시 사업과 연계하고 균형발전의 모델로 삼자고 세미나도 했고, 심포지엄도 했다. 이명박 정부에서 호남 고속철도를 2012년 완공하겠다고 공식입장을 밝혔지만 지자체에서는 분위기를 달구는 의지조차 없다. 눈에 뻔한 일이지만 이렇게 예견된다. 공약을 지키려 했는데 지자체에서 준비가 없었다고 할 것이다. 이몽사몽이다.

얼마 전 나는 광주 MBC 일요토론에서 이용섭 전 건교부 장관과 논쟁하면서 60m^2 이하의 주택만 정부나 주택공사에서 매입해주어도 전국에 3만가구의 미분양 물량이 줄어들고, 수도권과 지방의 주택사업정책을 분리할 필요가 있다고 말했다. 그래야만 사회적 갈등으로 야기된 소득 격차가 줄어들고 양극화 현상이 해소된다고 강변했다. 그러나 미분양 주택 매입은 인정하면서도 주택가격이 더 내려야 한다고 하면서 주택사업자가 자구 노력을 더해야 한다고 강조한다. 나는 중요한 것은 형평성의 유지이며, 주택사업자는 장사꾼이 아니라고 말했다. 부디 그 말이 가진 나의 진심을 알아주기를 바랄 뿐이다.

주택 경기 긴급 진단

지방 투기과열지구 분양권 전매제한 완화조치 이후 지방 분양시장이 다소 회복 조짐을 보이고는 있지만 지난 10월 한 달만에 전국적으로 미분양 아파트가 6000여 가구나 늘어나는 등 건설경기의 침체가 지속되고 있다.

건설교통부는 10월 말 현재 전국 미분양 아파트는 모두 5만 8905가구로 9월 5만 2874가구에 비해 11.8% 증가했다고 지난 1일 밝혔다.

올 들어 미분양 아파트 증가 폭이 월별로 수백 가구에서 1000~2000 가구에 그쳤던 것을 감안하면 10월 증가 폭은 상당히 큰 편이다. 이와 관련해 본지는 대한주택건설협회 광주 · 전남도회 김호남 회장과의 일문일답을 통해 지역내 건설경기의 현주소와 나아갈 방향 등을 진단했다.

사회 : 요즘 주택경기가 어렵다고 하던데 어려운 시기에 가장

중점적으로 추진할 사업이 있다면.

김호남(광주 · 전남 주택협회 회장) : 주택사업에는 사이클이 있습니다.

특히, 전남 지역 인구는 한달 3,000명 정도, 1년에 구례군의 인구 정도인 3만명 정도가 빠져나가고 있는 실정인데, 광주로 유입되는 것이 아니고 수도권으로 몰려 인구감소 현상이 발생하고 있습니다.

이러한 환경 변화에 적응하면서 광주와 전남이 상생을 통해 주택사업이 지속적으로 성장 발전해 지역경제를 선도할 수 있도록 노력하고 특별히 주택건설협회의 위상과 인식을 제고하고 회원사들이 사업하기 좋은 환경을 만드는데 진력할 생각입니다.

사회 : 목포를 근거지로 하는 근화건설 회장을 맡고 계시는데 지역 업체 대표로서 어려움이 있다면.

김호남 : 광주와 전남은 경제권이 하나 아니겠습니까?

상생을 통해 지역발전을 도모하는 것이 무엇보다 중요하겠지요.

그리고 참여정부에서도 국토와 지역균형발전에 대한 의지가 분명하기 때문에 이 기회를 잘 이용하여 광주 · 전남이 모두 발전하며 어느 곳에서나 사업하기 좋은 메카니즘을 조성하는 것이 무엇보다 중요하다고 생각합니다.

사회 : 그동안 광주·전남의 주택 경기는 어떻게 변했다고 보고 있는지.

김호남 : 지난해 다소 회복세를 보였던 지역부동산시장은 투기과열지구 지정 이후 움츠러들 수 밖에 없었고, 지역실정과는 동떨어진 수도권 위주의 정부의 강력한 부동산 안정대책으로 미분양 아파트가 5000세대에 이르러 작년 대비해서 4배 이상 증가하면서 주택 경기가 극도로 침체돼 불안심리와 함께 시장 형성이 둔화되고 채산성이 떨어져, 레저산업 등 적절한 타 업종으로의 전환이 가파르게 나타나고 있는 상황입니다.

사회 : 주택공급업체 입장에서야 어렵다고 하지만 내 집 마련이 꿈인 서민들 입장에서 보면 오히려 다행스런 일이라고 평가 할 수도 있다고 생각되는데 이에 대해 어떻게 생각하는지.

김호남 : 그것은 아니라고 봅니다. 주택 경기가 없으면 건립 자체가 없어지고 물가는 계속 오르기 때문에 분양가가 높아지고 공급세대수가 줄어들면 제로금리시대에 내 집 마련을 목적으로 저축한 돈이 공급가를 따라갈 수 없는 상황이 생겨서 다행스럽다고 볼 수 없습니다. 다만 늘어난 미분양아파트들로 인해 소비자들의 선택의 폭이 넓어진 것은 사실이나 2,3년 후에는 오히려 기회가 줄어들 수도 있다고 봅니다.

사회 : 이런 주택업계의 어려움을 감안해 정부가 지난 9일 투기 과

열지구 안에서의 아파트 소유권 전매제한기간을 1년으로 완화했는데 얼마나 효과가 있을 것으로 예상하는지.

김호남 : 삼성의 백색가전공장 이전으로 인구 유입이 늘어 오피스텔과 소형주택의 미분양이 해소되고 있으나 최근까지 투기과열지구 전면해제에 대한 기대감이 컸던 만큼 아쉬움이 큰 게 사실입니다.

이번 조치로 인해 작년과 같은 부동산 시장 회복을 기대할 수는 없겠지만 일부 입지여건 등의 뛰어난 단지 등을 중심으로 투자심리가 살아나면서 그동안 얼어붙었던 지역주택시장도 어느 정도 기지개를 켤 수 있으리라 예상을 합니다. 그래서 그동안 규제일변도의 부동산정책을 펴왔던 정부에서 경기활성화를 위한 대책을 내놓았다는 점에서 더블딥 즉, 이중하강현상이 생기지 않도록 조치를 취할 것으로 기대하고 있습니다.

사회 : 그럼 주택공급업체나 주택수요자 모두를 만족시킬 정부의 주택정책이라면 어떤 것이 있을지 제안이 있다면.

김호남 : 참여정부 들어 주택산업을 국부창조의 근원이라고 하고, 전체 경제에 미치는 부분이 16% 정도라고 정확히 인식하고 있습니다.

전반적인 경기침체 하에서 지역경제의 중추역할을 하고 있는 건설사업은 고용유발과 연관산업 파급효과가 매우 큽니다. 이러한 주택산업이 활성화되어야 지역경제도 되살아 날 수 있다고 봅니다. 이를 위해서는 정부에서 부동산정책 수립 시 시장의 자율성을 중시해주고 무엇보다도 지역 실정을 고려한 탄력적인 모습을 보여주는 게 필요하다고 생각합니다.

사회 : 임대주택의 매년 5% 인상안에 대해 어떻게 생각하는지.

김호남 : 부영 등 건설사에서 매년 5%의 임대료 인상안에 대해 감사원의 지적사항도 있었지만 매년 물가상승율, 주변시세 등을 감안하고 정부에 용인된 사항인 만큼 큰 무리는 없을 것으로 내다보고 있습니다. 또한 요즘처럼 제로금리 시대에 임대료를 저축의 개념으로 받아들였으면 합니다.

특히 건설사의 경우도 매년 국민주택기금 등의 이자를 내고 있으며 소비자들도 분양 받을 때 자금의 부담이 적을 것으로 생각합니다.

사회 : 마지막으로 광주지역에서 아파트를 구입하려면 언제가 좋을지 조언과 함께 독자들에게 한 말씀 하신다면.

김호남 : 현재 이 지역에는 상당량의 미분양 아파트가 소비자들의 선택을 기다리고 있습니다.

내 집 마련을 준비 중인 분들께서는 대부분의 물량이 내년에 준공되는 점을 감안하셔서 각 업체들의 분양조건, 입지여건 등을 꼼꼼히 판단해서 올 연말이나 내년초에 결정을 하시는 것이 좋을 것 같습니다.

요즘 건설되고 있는 아파트들은 과거와 같이 분양만 하면 팔리던 때와는 차원이 다르다는 것을 시 · 도민들도 잘 아실겁니다.

글로벌 무한경쟁시대에서 살아남기 위해서 건설업체들은 경영혁신을 통해 좋은 토양을 만들고 개척정신으로 소비자들의 취향과 기호에 부합하는 아파트를 건설하는 것을 최우선으로 하고 있습니다.

특히, 광주지역 주택업체들은 그동안 괄목할 만한 성장을 통해 서울, 수도권, 충청, 영남 등의 진출을 통해 전국기업으로 성장을 해왔습니다.

투기과열지구로 지정되어 어려웠던 1년이 다 지나갑니다.

2005년에는 광주 · 전남이 상생해서 지역경제가 되살아나고 광주 · 전남 어디서나 사업하기 좋은 해가 되었으면 하는 바람이고, 주택사업자를 아끼고 사랑하도록 우리 업계가 스스로 자성 노력하도록 해야겠습니다. (2004.12.6, 호남뉴스라인)

주택시장의 전망과 대응

주택건설협회가 창립된 지 25여년 되었다. 그동안 협회는 영욕을 거듭하면서 성장 발전해 왔다.

그러나 회관까지 마련하여 회원사의 위상과 자긍심을 심어주고 있지만 전국에서 미분양주택이 10만 가구를 넘어서는 등, 주택사업 경기가 예전만 같지 않아 안타깝다.

김종수 한국은행 총재가 얼마 전 간담회에 참석하여 '주택 문제가 해결되지 않으면 내수시장이 살기 어렵다'고 심각하게 의미 있는 발언을 했다. 내수 경제 활성화를 위해서는 2011년이 중요하며 주택시장 전망이 중요한 의미를 갖는다는 의미 있는 발언의 요지이다.

대부분 민간 연구기간들은 2011년 주택시장이 다소 활기를 띨 것이란 전망을 내놓고 있지만 한국건설산업연구원은 '2011년 건설 및 부동산 경기 전망' 세미나에서 국내 건설수주 전망이 4.5% 감소 할 것이라는 어두운 전망을 점치고 있다.

주택건설협회는 회원사의 이익을 공동으로 추구하고자 뜻을 함께하여 만들어진 단체이다. 지난 역사를 보아도 삶을 전제로 이루어진 집단과 단체는 절대 붕괴되지 않았음을 우리는 상기시킬 필요가 있다.

나는 감사에 연임하는 영광도 얻었다. 감사라는 중책을 맡으면서 협회가 안정되고 회원사들이 모두 안전하게 사업할 수 있도록 사명감을 갖고 노력할 것을 다짐했다. 그리고 굳건한 협회로 거듭날 수 있도록 혼신의 힘을 쏟아 봉사하며 살맛나는 협회, 희망과 자랑스러움이 넘치는 그런 협회를 만들어 가는데 소임을 다하겠다는 각오도 밝혔다. 또 '독초가 있는 곳은 약초도 있다'는 희망의 메시지도 전달했다.

2011년에는 아파트 입주물량도 36%이상 감소해서 미미하나마 회복세를 보인다니 그나마 희망을 갖고 계획을 세워 시장을 점검해 나가야 할 것이다.

미분양 주택이 없고 할인 아파트가 시장에서 사라지고 대기물량이 적으면 사업에는 파란불이 켜지는 것이 시장의 기본이며 특성이다.

2011년 전세 시장이 반전세를 내놓고 임대료가 올라가는 이유도 입주물량이 적고 예금금리 이자가 깡통인 것에 기인하는 것이다.

전문가들은 현재 주식시장으로 몰리고 있는 풍부한 유동성이 부동산 시장으로 흘러들어올 가능성도 배제되지 않아서 긍정적인 요인으로 작용하고 있다고 보는 전문가들의 전언이고 보면 2011년 하반기에는 주택경기 회복세가 본격화될 가능성이 있는 것 아니겠는가.

이미 부산과 광주에서는 주택시장이 다소 살아나는 움직임이 감지되고 있으니 분양시장이 신묘년 들어 호조를 보일 것 같은 예감이 들었다. 전국 곳곳에서 분양성공이라는 희소식을 내보내고 있는 정황이 우리를 기쁘게 하고 있다. 그러나 과신해서는 안 된다.

21세기는 다양한 건설 환경변화와 사업다각화를 모색하지 않으면 살아남을 수 없다. 도태될 것이냐, 살아남을 것이냐가 우리가 고민하고 사유하는 중요한 아젠다로 무엇이 키워드인가에 집중하지 않으면 실패하고 만다는 학습효과를 경험했다. 또 하루가 멀다 않고 사라져 간 동료 사업자들이 남긴 교훈이 있다.

아무리 경륜과 연륜이 탁월한 능력 있는 사람도 기술력과 역량을 집중하여 미래를 열어가지 못하면 바다처럼 넓은 세상을 모르는 우물안 개구리 신세가 되어 버린다.

하루가 멀다않고 치솟는 철근 값과 감리비 문제는 아파트값 상승의 중요 원인으로 사업자에게 큰 부담이 되고 있다. 입주 후에도 입주자와 큰 마찰이 되고 있고 하자보수 비용에 관한 분쟁은 사업자들에 주택공급의 사명감과 보람을 가질 수 없는 삭막한 환경이 만들어지고 있는 실정이다.

설상가상으로 금융권 PF기피와 양도세 등 각종 세제는 시장이 붕괴될 수도 있다는 불안 요인으로 계속 남아있다.

특히 정부에서는 아파트값 안정이라는 미명아래 LH공사를 아파트값 잡는 전사처럼 내세워 전방위로 시장을 혼란스럽고 어지럽게 하고 있는 요인들을 조정하지 않는 한 2011년 주택경기는 한시적이고 특정지역 몇 곳에서만 성공할 수 있다는 국지적 여건으로 불안한 속내를 감출 수가 없다.

따라서 2011년에는 국지적으로 주택시장이 움직일 가능성이 점쳐지고 있으며 주택건설업계 또한 지역에 따라 희비가 엇갈릴 가능성이 높다고 보겠다.

신묘년에는 슬기롭고 지혜롭게 활력 있는 사업들이 온 누리에 번창할 것을 축원해 보면서 주택사업하시는 모든 분들에게 복 많이 받는 새해가 되기를 빈다.

급할수록 돌아가야

–대한주택보증 민영화에 반대한다

지난 10월 10일, 기획재정부는 공기업선진화추진위원회와 공공기관운영위원회를 열고 '3차 공공기관 선진화 계획'을 발표하며, 대한주택보증도 민간 환원 차원에서 2010년부터 주택분양보증 독점을 폐지하고 민영화를 추진한다고 밝혔다. 새 정부 들어 개혁이라는 이름으로 여러 공공기관의 민영화가 추진되고 있지만 과연 그런 계획들이 사전에 얼마나 치밀하게 검토되고, 여론이 수렴되었는지 강한 의구심을 갖지 않을 수 없다.

대한주택보증은 1993. 4. 21일, 공공성이 강한 분양제도를 제도적으로 건전성을 확보하고 소비자가 피해를 보지 않게 한다는 취지로 출발하였다. 인력 관리 시스템의 구성 부실, 전문성 없는 낙하산 인사, 운영성과의 부족으로 기본취지와는 달리 IMF를 겪으면서 부도가 나자 정부에서는 공적자금 투입으로 민간 주택 출자자에게 74%를 감자하면서 만든 기관이다.

금융산업은 타산업과 달리 규제완화 자율화 및 항상 효율적이지 못하기 때문에 민영화가 이루어진다고 해도 시장운용과 경제흐름으로 요율은 내려갈지 몰라도 불특정 다수가 원하는 분양이행 약속은 불신의 요소가 강하게 남을 수밖에 없다. 막말로 우리 국민이 정부를 못 믿는데 민간기업을 신뢰하는 보증 기관으로 믿어줄 것인지도 의문이다. 정부정책이 후분양을 목적으로 하고 있다면 차제에 분양 보증제도와 금융대출 보증제도를 없애고 의원입법으로 주택법을 개정해서 산업체와 같은 수준으로 공사 기성율에 의한 금융 지원을 해야 한다고 믿는다.

주택 산업은 경제 발전의 8%대를 차지하는 산업이요, 고용창출과 경제 유발 효과가 큰 건설 산업의 중추이다. 이런 산업과 관련된 보증기관을 민영화하는 문제는 보증시장 개방의 시장 여건은 완벽한지, 국제적으로 실패의 경험은 없는지 살펴보고 한 번 더 생각해야한다.

원화가치, 환율이 최악의 상황까지 오르고 부동산 시장은 꽁꽁 얼어있다. 'My Life Dream'이라고 당첨되어 온 동네에 자랑했던 아파트, 그러나 이제는 살던 집이 팔리지 않아 입주도 못할 형편에 직면한 형국이다. 모두들 죽겠다고 아우성칠 뿐 명백한 위기에 대처해야 하는 어떤 현실적 타개책도 장기적 계획도 대안도 없이 그저 넋두리이다. 이런 상황에서 정부의 무리한 밀어붙이기식 민영화는 과연 누구를 위한 것인지 분명히 짚어보지 않을 수 없다.

이쯤에서 대한주택보증이 민영화 되어서는 안 되는 몇 가지 이

유를 지적하고자 한다.

첫째, 중소주택사업자에 대한 보증기피로 주택공급의 차질이 우려된다. 중소주택사업자와 사업성이 열악한 지방소재 사업장에 대한 차별적 보증가입은 물론이며, 사업승인 등 일련의 인허가 과정이 완료되는 시기에 거절된다면 그 여파는 매우 심각하다.

두 번째, 주택사업자 주주의 재산손실이 초래된다. 대한주택보증의 기업가치 하락에 따라 주택사업자 주주의 출자가치(지분율 15%)에 심각한 훼손이 생긴다. 이미 주택사업자 주주들은 구 주택사업공제조합(대한주택보증의 전신)의 주식회사 전환과정에서 막대한 재산손실(공제조합 출자금의 74%, 2조 3천억 원)을 감수하였음에도 이에 대한 손실보전도 없이 또 다시 주택사업자 주주의 재산손실을 초래하는 것은 불합리하다.

셋째, 공적보증기능의 약화이다. 대한주택보증은 분양보증 외에도 임대보증보험, 하자보수보증 등 보증보험이 큰 공적보험을 수행하고 있는 바 공공성을 가진 기관의 공정한 업무가 필요한 영역이다.

정부는 현재의 보증제도를 일종의 독점으로 판단하면서 개방이 경쟁을 유도하고 경쟁은 보증 서비스의 업그레이드로 이어져 장기적으로 보증료가 인하될 것이라는 시각이지만 이는 너무나 안일한 시각이라는 점을 알아야 한다.

공공기관의 지방 이전이나 민영화 자체는 반대하지 않는다. 그러나 드러나는 성과에 연연해 보다 면밀한 검토와 의견 수렴 없이 진행되어서는 안 되는 것이 있다. 대한주택보증의 민영화 문제도 그 중의 하나라고 생각한다. 급할수록 돌아가라는 말이 있다. 국민을 위한 정책은, 작은 제도 하나라도 그렇게 돌아간다고 나무랄 사람은 없다. 중요한 것은 무엇이 진정 시장을 살리고 국민을 위한 것인가라는 문제이기 때문이다. (2008.10.22, 건설경제)

국토부 주택 정책 간담회

좋은 만남은 행복을 길어 올리는 샘물 같은 것이어서 기쁨과 용기가 넘쳐난다.

국토부에서 주택정책 간담회 참석 요청이 있어 이런저런 자료를 챙기다 보니 언론의 기사에 눈길이 간다.

'분양가 할인 서울 수도권으로 확산'이라는 부동산 시장에서 할인판매가 대세가 됐는데, 지금은 가격이 거래를 결정하는 중요한 요인이 됐다. 최근 들어 할인상품에만 수요가 몰리는 이상기류가 형성되었다. 또한 기사는 심상치 않은 주택시장이 얼어붙어 곤두박질치는 상황을 전한다. 거래는 끊기고 집값은 떨어지는 경우를 침체라고 하니 가계부채와 맞물려 경제에 큰 충격을 줄 수 있다는 얘기이다.

이 충격이 우리 경제의 취약한 체력을 때려 크로키 상태로 몰고 갈 것이다.

재미있는 칼럼이 있다. '바보야, 문제는 바로 집값이야' 라는 제목의 글이다.

집값이 수억대가 하락하여 거래조차 안되어 여당 지지층 대거 이탈하였다는 것이다. 강남3구, 용인, 수원, 동탄 등 대표 보수 지역에서 야당이 압승하여 전국을 온통 블루칼러로 물들였던 한나라당이 선거에서 패하였는데 이는 집값 때문이라는 것이다.

수억씩 떨어진 집값으로 대표되는 정부와 여당의 부동산 정책에 부글부글 끓는 유권자들의 속마음이 폭발하고 있었던 것이란다.

어떤 이는 미국의 부동산 정책 사례를 들면서 '바로 민생경제 부동산이여, 이 멍청아' 여당과 정부를 비꼬았다고 전하기도 하였다.

항상 가슴 아팠던 것은 시장 변화만큼이나 주택업계의 위상이 흔들리고 주택건설인으로서 자부심도 망가진다는 것이다. 우리 사업자는 가만이 있는데 정부에서 주택정책을 집값 안정이라는 이유로 이리 바꾸고 저리 바꾸면서 도덕적 해이까지 거론하는 등 벼랑 끝까지 몰려 있는 업계이다. 한때는 주택건설인을 산업전사로 추켜세우고 주택건설업이 고용창출과 경제 발전의 8%대를 차지하는 산업이요, 근대화의 주인공으로 화자되기도 했다. 그런 주택 건설업이 풍전등화에 절체절명의 위기를 맞고 있는 것이다.

주택 건설사업자에게 택지는 가장 중요한 생명이다. 아무리 좋은 집도 땅이 있어야 지을 수 있기 때문이다. 그러나 지금의 현실은 땅을 보유하고 있는 만큼 금융비용과 유동성 위기를 자초하는 꼴이여서 자본잠식이 가파르게 이루어지다보니 기업의 존립기반이 흔들리고 있다.

나는 생각을 잠시 정리했다. 그리고 토론할 내용을 메모했다. 과천 국토부로 달리는 승용차 안에서 잠깐 졸았다. 평소에 차 안에서 잠을 못자는 습관 탓인지 머리가 개운했다.

주택정책과는 빈 공간이 없을 정도로 비좁은 책상으로 가득했다. 소박하고 검소한 차림의 공무원들이 빽빽한 사무실에서 열심히 일하는 모습에서 든든함을 느꼈다. 그러나 이와는 대조적으로 우리 업계에 불고 있는 처참하고 범접하기 어려운 냉기 때문에 이 광경이 아이러니하게 보였다.

잠시 후 한만희 주택토지 실장실로 안내되어 이원재 주택정책관, 진현환 부이사관과 명함을 나누면서 인사하고 토론에 들어갔다.

나는 인사를 하면서 이해찬 국무총리가 주재하는 임대주택정책 간담회에 참석하여 30년이 넘게 운영된 국민주택기금 금리 인하와 보증제도 개선 등을 건의 했는데 국무총리가 건교부에 당장 알아보고 대책을 세우라고 지시한 내용이 감감하여 배석했던 실무자에게 전화했더니 정치가 다 그런것 아니냐는 답변을 들었다는 일화를 소개하였다. 그리고 이용섭, 정종환 장관이 참석하는 연찬회에서 건의했던 내용도 소개하였다. 그러면서 오늘은 25년만에 처음 허심탄회하게 실무자와 만나 이야기 하니 무엇인가 달라지고 개선 될 것이라는 기대가 크다는 인사말을 하였다. 그러면서 진짜 하고 싶은 말을 했다. 분양가 자율화 이후 달라진 주택환경 변화와 상한제 실시에서 지금까지 힘든 길을 가고 있는 업계의 어려움, 특히 지방 주택사업의 붕괴가 지방단치단체에서 추진하고 있는 택지 개발사업까지 연계되어 지방에서 택지 미분양이 늘어나 지자체 택지개발사업이 대행공사로 발주되는 등 심각한 우려를 전했다.

정부에서 공기업의 덩치를 키우면서도 건전한 주택사업자를 도외시하는 정책의 이분법적 모순을 설명하고 수도권에서 보금자리 아파트로 주택 가격이 안정되고 있다는 안일한 생각에 빠져서는 안되는 점을 강조하였다. LH공사와 민간기업이 공생하고, 역할 분담으로 LH공사는 보금자리 주택을 10년 이상 장기영구 및 임대와 소형만 건립하고 중대형은 민간기업이 지을 수 있도록 해야한다고 소신을 밝혔다.

공기업이 무너지면 국가가 부도위기에 몰리는 것 아니냐. LH공사와 민간기업이 맞짱으로 뛸 수 있도록 교통정리와 여건을 마련해야 한다고 핏대를 세웠다. 이에 대한 근거자료로 신문칼럼과 전국에 미분양 택지 현황, 그리고 건실한 사업가가 PF 등의 과도한 금융 부담과 은행 긴축 검토로 인한 대출 환경의 악순환을 견디지 못하고 퇴출되고 있는 현실을 인식하라고 강조할 때는 목이 타서 물컵에 자주 손이갔다. 향후 개선방법으로 85㎡까지 국민기금 확대지원 85㎡초과토지 중소형 건립가능토록 배려해 줄 것을 건의하고 기금 취급 은행의 다변화와 기금금리를 인하하여 건실한 사업가가 한탕주의에 빠지지 않도록 해줄것과 지속가능한 정책으로 오래도록 사업할수 있는 풍토 조성을 강조 할 때에는 눈시울을 붉혔다. 그러면서 '역사는 현실을 보는 거울이다.' 절규하며 청춘을 주택건립의 자부심으로 살아온 영혼에 온기와 신선한 바람으로 재생할 수 있게끔 사업하기 좋은 대책을 세워 주기 바란다고 강조했다. 관계자는 공감하는 듯 묵묵히 메모하면서 가능 여부를 조율하기도 했다.

지금 주택업계에 불고있는 시련은 정부에서 장기적인 정책의 부재에서 나온 것이다. 실수요자들이 자기 집이 팔리지 않아 입주전부터 카페를 만들고 협의 체를 구성하는 등 부정적인 사례가 만들어지고 보금자리에 당첨되면 로또 복권에 당첨된 것인 양 한탕주의를 경계해야 한다고 힘주어 볼멘소리를 했다.

시세가 밑바닥까지 떨어진 자기 집을 팔지 못해 입주를 꺼리는 수요자들에게 신탁이나 펀드를 조성하여 숨통을 터줄 필요가 있다. 과거가 기업들이 어려울 때 기업용 부동산에 양도세도 물지않고 부동산 보유세를 경감시키면서 토개공에서 매입한 적도 있다. 이제 주택도 장기적인 안목에서 신탁같은 제도를 도입하여 요동치는 시장을 안정시키고 건전한 생각으로 주택 구입에 접근시키는 노력이 필요하다. 그래야만이 시장의 침체와 수요 위축에 따른 항구적인 정책으로의 대안이 될 수 있다. 미루지 말고 가급적 빨리 단안을 내려야 함을 강조했다.

예정된 두 시간 중 1시간 30분 정도의 시간을 나는 경험과 주택사업의 철학으로 일관해서 소신껏 주장했다. 간담회를 마무리할 시간이 되었다.

한만희 실장에게 어려운 시기에 업계의 실상을 폭넓게 듣고 꼼꼼히 메모하면서 긍정적인 공감을 만들어 주신데 감사드린다고 전했다. 한만희 실장도 이런 기회를 자주 만들어 업계의 어려움도 듣고 새로운 계획을 세워 희망적인 미래를 만들어 가겠다고 했다.

정말 보람있고 뜻깊은 간담회였다. 격식도 모양도 순서도 필요없이 일상을 얘기하는 자리였다. 오랫동안 사업하다보니 이런 기회가 주어지는구나 생각하며 나는 업계를 대변하려고 최선을 다했다. 우울하고 참담한 현실에서 자괴감도 들었는데 희망과 빛이 보일 듯하다. 목포 촌놈이 과천 한복판 국토부에서 무엇인가 역할을 하고 내려가는구나 생각하니 어깨가 으쓱해졌다. 이렇게 보람있는 날 계속 되었으면 얼마나 좋을까? 역시 좋은 만남은 행복을 소쿠리에 담아내는구나 하는 생각이 들었다.

참 좋은 날이다. 과천 청사 하늘이 파래보여 좋았다.

이후 며칠간 관련기사가 쏟아졌다.

"주택정책, 실수요자 거래불편해소에 집중,

집값 안정에 지속…비상경제대책회의…DTI규제는 안풀어……." (2010.7.14, 건설경제)

대한주택건설협회 이사회 지상 단상

대한주택 건설 협회가 창립된 지 27년. 변화를 요구하는 회원사의 뜻이 모여 젊음과 사업역량이 검증된 현 회장을 선택했다.

여러 가지 사정과 복잡한 이면의 문제점 때문인지 이사회가 취임 3개월만에 열렸다. 상견례를 하고 임명장을 전달하는 회순 때문에 안건을 상정하지 않고 의견 수렴과 건의를 받는 순서로 진행되었다.

주택사업자가 아무리 살아남은 자의 몫이라고 해도 오랜 연륜을 통해 사업했던 동료가 쓰러지는 절박함을 애기하는 명예회장의 건배사는 심금을 울렸다.

사업을 잘하는 원로이사가 대토론을 해서 우리업계의 실상을 알리고 정부여론에 호소하자는 발언을 두 번 세 번 강조하였다.

회의가 괘도를 이탈해서 나락으로 추락할 즈음, 귀엣말로 상근부회장이 나에게 한 마디 하라고 한다. 그 말에 한 마디 하기로 했다.

打草驚蛇입니다. 감사가 명예롭고 자부심으로 선출되었다고 하나 감사를 직책으로 생각한다고 했다.

실사구시에 의한 문제점과 향후 발전 방향을 구체적 대안으로 만들어 갈 것이라고도 했다.

정조 때 암행어사 경력을 갖고 있는 목민심서를 저술한 다산 정약용 선생을 존경한다고 했다. 말로 함부로 나서는 것을 삼가겠다는 다짐이기도 했다.

젊고 사업을 잘하고 판단과 선택이 남 달라 수도권에서 성공한 이사들이 몇몇이 눈에 띈다. 신선해 보이고 희망이 넘친다. 기대 또한 있기에 면면을 눈여겨 살펴본다.

회장이 젊은 이사에게 발언을 요청한다.

젊은 이사는 아주 논리적이다. 대안까지 내놓는다. 그 내용은 다음과 같다.

우리 사업자는 가만히 있는데 정부에서 주택정책을 집값안정이라는 이유로 이리 바꾸고 저리 바꾸면서 언론의 일순위가 집값상승이 화두요, 사업자는 죄인 취급당했다. 그래도 기다리면 된다, 사업의 기회는 항상 열려있으니 살아남자고 강변한다. 제발 시장논리에 맡겨 달라는 주문도 곁들인다.

노태우 대통령 당시 주택 200만호 건설했지만 주택건립 실적이 80%요, 김영삼, 김대중, 노무현 정부는 목표치 건립숫자의 60%도 달성 못했다. 수치를 내세우며 대토론은 반대한다고 분명히 못 박았다.

대토론보다 조·중·동 등 언론에 호소문을 발표해서 어려운 실상과 대책을 요구하자고 발언을 마친다.

설득력이 있었다. 가슴이 뜨거워졌다. 이런 맛이 있어야 회의가 회의답고 보람이 느껴진다. 한때는 주택건설업자는 산업전사로 추켜세웠던 고용창출과 경제발전의 8%대를 차지하는 사업이요, 근대화의 주인공들이었다. 그런 주택사업자가 절체절명의 위기를 맞이하고 있다.

풍전등화에 빈사상태이다. 주택시장이 공공성이 강해서인지 원가공개에 분양가 상한제까지 위헌소지를 내포한 법들이 쏟아졌다. 그것도 모자라서 종부세까지 만들어 신규주택 수요를 얼어붙게하여 전국에 아파트 미분양이 15만 가구를 넘어섰고 줄도산하는 업체들 명단이 시중에 공공연히 돌아다닌다.

어떻게 살아 남을 것인가? 이럴 때 협회에서는 회원사를 위해 무엇을 해야 하는가? 세금과 금융부분 전문성을 갖춘 실무자가 아쉽다. 정부건의도 중요하지만 회원사가 납득하고 이해를 할 수 있어야 한다.

금년에는 지구 온난화로 늦더위가 기승을 부렸지만 태풍 피해는 없었다. 뜨거운 해만 중천에 있었고 시름을 달래줄 그늘도 없었다. 처서가 넘었지만 소슬한 바람도 불지 않는다.

각박하다. 그래도 너와 나의 말이 있어 아름답듯이 우리 협회가 있어 마음 든든하고 자랑스럽기까지 했다. 여의도에 회관까지 구입하여 우리 협회의 위상이 제법 당당하다.

택시를 잡고 여의도에 들어서면 '주택건설회관으로 갑시다.' 힘주어 말했다.

모 이사가 어떻게 하면 정답을 찾을 수 있겠냐고 반문한다.

'하늘이 알겠지요,' 속으로 답변했다.

주택사업에는 사이클이 있다. 이럴 때 일수록 재정을 건전하게 다져야한다.

그 동안 정부는 정부를 신뢰하라고 치솟는 아파트값 해결의 전방위 노력으로 공공부분에만 치중했다. 중소사업자를 육성하는 노력은 뒷전이고 정부투자기관 덩치만 키웠다. 20세기 건설정책은 도로가 우선이어서 산간오지까지 포장되어 도로건설은 거의 목표가 달성되었다. 치솟는 에너지 시대의 대안으로 도시접근이 가능한 대중 철도산업이 21세기 건설사업의 요체가 될 것이다. 이 기회를 활용하여 도시개발 포커스를 맞추어 주택사업와 연계 시켜 도시를 리모델링하고 재생시킨다면 유비쿼터스 환경까지 고려한 새로운 케이스가 될 것이다. 희망은 있다. 미래 있다고 믿을 때 미래가 주어진다.

생각을 모으고 정리하고 있다. 그래서 역세권개발과 도심 재개발 신도시 개발에 정부의 재정적 한계를 민간자본 유치로 역세권을 개발하여 신도시 사업과 연계하고 균형발전의 모델로 삼자고 세미나도 했고 심포지엄도 했다.

이명박 정부에서 호남 고속철도를 2012년 완공하겠다고 공식 입장을 밝혔지만 지자체에서는 분위기를 달구는 의지조차 없다.

공약을 지키려했는데 지자체에서 준비가 없었다고 할 것이다. 이몽사몽이다.

나는 광주 MBC 일요토론에서 이용섭 건교부 전임 장관과 논쟁하면서 60m^2이하의 주택만 정부나 주택공사에서 매입해 주어도 전국에 3만가구의 미분양 물량이 줄어들고 수도권과 지방의 주택사업정책을 이분법적 논리도 제정할 필요가 있다고 역설했다. 그래야만 사회적 갈등으로 야기된 소득 격차가 줄어들고 양극화 현상이 해소된다고 강변했다. 그러나 그는 더이상 일정면적 미분양 주택 매입을 인정하면서도 주택가격이 더 내려야 한다고 하면서 주택사업자가 자구 노력해야 한다고 강조한다.

약간 열이 오른 나는 다 털어버린다면 얼마든지 내려서 팔겠다고 했다. 그러나 형평성이 유지 되어야 하고 주택사업자는 단순한 장사꾼이 아니라고 했다.

만감과 회한이 스쳐갔다. 문득 '혼자'라는 생각에 외로움이 밀려왔다.

가을이 주는 감성적 칼날이 가슴을 헤집는다. 소리치면서도 소리가 무엇을 뜻했는지 영혼을 울리는 뜨거움도 차가움도 없이 멍한 길을 서둘러 돌아 나왔다.

남악 신도시 본격시동

2005년 6월 전남도청이 남악신청사에 입주하였다. 신도청시대가 활짝 열리고 해양문화의 새 장이 펼쳐져 동북아의 거점도시로 발전할 것이라는 기대를 가지게 되었다. 이러한 기대로 인해 남악신도시 1, 2공구 6블럭 62,608평 공동주택용지가 주택건설업자들에게 매각되어 택지공사와 함께 아파트 건립이 본격 가동되고, 현실로 그 실체를 보여줌으로써 전남도청 이전에 따른 우려와 부정적인 잡음을 일소하게 되었다.

우리는 여기서 성급한 축배나 감상적인 생각으로 우리가 풀어야할 난제들을 뒤로 할 수 없다.

'初發心時 便成正覺' 이라 했다.

남악 신도시는 무안군 일대와 목포시 옥암지구로 양분되어 있다. 이 상태에서 신도시가 형성된다면 전남도청을 근거로 한 지역은 무안군민이고, 옥암지구는 목포시민이 된다. 세계 어느 신도시가 이렇게 개발된 지역이 있겠는가? 그것도 도청이 이전된 지역이 말이다.

연리지(連理枝)를 이루는 해법과 프로세스는 어디에 있는가?

누구나 생각할 것이나 나는 그 일을 해야한다. 그 일을 위해서 낙후된 이 지역에 전남도청 이전의 프로젝트를 내걸고 뛰어다녔던 나날의 사람들, 무안과의 통합을 위해 목포상공회의소 내에 설치된 본부에 통합상황실장을 하면서 느꼈던 회한, 누구보다 현실을 잘 파악하고, 향후 전개될 사안들에 빠르게 접근할 수 있는 감각이 없을 리 없다. 그러나 속수무책으로 돌아가는 정황과 깊어만 가는 정서에 눈치만 보는 참담한 심정이다.

위대한 사람들이 꿈을 이룰 수 있는 것은 '인생의 목표가 확실했기 때문이다.'라고 했다. 우리 지역민들이 확실한 목표를 세울 수 있는 것은 남악 신도시의 행정 통합일 것이다. 이 명제는 이 시대에 살고 있는 우리들의 사명이자 본분이다. 내가 지역 업체를 대표해서 주택 건설에 참여하고, 초지일관 정성으로 노력해서 얻어진 25층 1,100세대를 건립하는 영광을 얻어서가 아니다. 진정한 리더가 없을 때 우리들 한 사람 한 사람의 마음을 모아야 한다고 믿기 때문이다.

안목이 다른 분은 선택도 남 다르다고 우리는 평가한다. 우리 지역민들이 그렇게 안목이 없는 사람들인가? 그건 아닐 것이다. 우리의 선택은 신도시 조성으로 낙후된 지역경제를 회생시키고, 쾌적한 환경과 가치있는 생활을 만들어 가는데 집중하여 어떻게 사는 것이 잘 사는 것인가를 솔루션으로 구축하는 것이다. 문제에 대한 전환이 시급하고, 이 시간에 틀림없이 만들어내야 한다. 지금이 바로 그 시기이다.

나는 두 차례에 걸친 남악 신도시 사업설명회에 참석하여 수변공원 조성과 레저인구를 수용할 수 있는 대책을 건의했으며, 인재를 양성할 수 있는 특수 목적의 교육기관의 조성이 필요하다고 역설한 바 있다.

전남 도내의 79개 기관이 용지 협의를 마치고, 이전계획을 준비하고 있어 이전사업본부에서는 토지 수요가 너무 많아 기본 계획을 조정 중에 있다고 보면, 우리가 신도시 전체의 분양에 흥분 좀 했다고 나무랄 사람은 없을 것이다. 기본이 바로서야 나라가 바로 선다든가 우리 지역민들이 해야 될 책무와 도리가 있을 것이다. 그것이 행정 통합이요, 신도청 지역에 사는 우리의 자부심이며, 전남도민들을 맞이하는 예의일 것이다.

무안과 목포에서 신도시를 넛크래커 해서는 안된다. 절대로 혼란스런 모습을 노출해서는 안된다. 이번만은 치밀한 프레이닝으로 서울에 북악, 지방분권하에서의 남악을 만들도록 해야겠다. 그러기 위해서는 우리 모두가 신념있는 지도자가 되어야 한다.

"귤이 회수를 건너면 탱자가 된다."는 말을 명심해야 하는 것이다.

변화 속에는 반드시 기회가 숨어있다

- 2008 제주 연찬회 소회

얼마 전 제주에서 '건설 CEO 2008 연찬회'가 열린 바 있다. 건설산업의 글로벌 경쟁력과 새로운 미래창조의 가치를 내걸었다. 나라의 경제가 깡통주가에 환율폭등으로 빈사상태요, 건설산업의 위기가 어느 때보다 심각한 때라 건설업계 CEO들의 표정 또한 굳어서 분위기가 무거웠다.

첫 강연자로 나선 국토해양위원회 이병석 위원장은 현재의 건설업계 상황의 현실을 들어가며, 기업의 부도 역시 엄연한 현실이라는 점을 강조했다. 분위기는 금세 술렁이기 시작했다. 그러나 그는 정치인답게 선동적이면서도 감흥시키고 달래는 언변으로 토개공 토지의 환매 조건을 10% 삭감 없이 매입해줘야한다는 업계의 사정을 잘 알고 있다며, 귀경하면 이 같은 의견을 꼭 전달하겠다는 열의를 보였다.

또한 전성철 세계 경영연구원 이사장은 '경영의 가치'란 주제

아래 민족주의 가치와 기본으로 돌아가자는 내용을 토대로 민주주의 가치 글로벌스탠다드 프로그램을 껍데기가 아닌 다양성과 멋과 재미 문화시장을 역사를 움직이는 생각으로 아우르자는 강연으로 첫날 일정이 마무리 되었다.

예년 같으면 체육행사를 일정에 많이 할애했을 텐데 기업들의 유동성 위기와 전국적인 미분양이 넘쳐나는 등 업계에 짙은 먹구름 때문에 주변행사에 관심을 가질 수 없는 처지였다. 이를 반영하듯 공부를 하는 CEO 이미지로 행사가 기획되고 진행되고 있음을 실감할 수 있었다.

둘째 날은 한영실 숙명여대 총장의 강의로 시작됐다. 過猶不及, 강한 자가 살아남는 것이 아니다. 건강한 체력과 에너지를 바탕으로 웃고 변화를 거부할 수 없다면 차라리 즐겨라. 병의 원인이 스트레스와 잘못된 식습관에서 유발된다는 강연의 정점에서 젊고 늘씬한 몸매를 유지한 한 총장의 자기 관리가 더욱 부러운 생각과 모범스런 생활에서 교수생활의 향기가 숨어있는 듯하다. 그야말로 한 상 잘 차려진 밥상처럼 맛있는 강의였다.

이어서 조달청이 시대에 맞지 않는다고 외자청이나 조선조에 있었던 선혜청 같은 이름으로 바꾸고 싶다는 장수만 조달청장, 박승 전 한국은행 총재 강연으로 종일 강연이 계속되었다.

빈곤퇴치를 목표로 산업화를 이룩하고 있는 나라 중국, 저임금 저노임으로 고성장을 누리면서도 생산성을 극대화하고 안정된 물가로 돈이 불어난 이 나라는 성장을 해도 고용이 늘지 않는 아시아 국가들에 비해 부러운 상대가 된 중국이 저물가 저금리 파생상품을 앞세워 패권국가로 부상한 만큼 주변국들의 어려움도 예상된다고 했다. 논리적 해설과 이론적 배경에 설득력 있게 전개해 가는 강연 내용이 한국경제의 현주소를 보고 있듯이 실감나게 들렸다.

사회복지 환경, SOC, 토지, 확대로 국면을 전환하고 공공투자 정책도 민간이 할 수 있도록 해야 하며 냉온탕 사이클이 종식될 수 있는 부동산 정책이 필요하다는 말로 강연이 마무리 되고 단신이지만 육사에 합격한 일화며, 이동희 박사가 시와 영어를 섞어가면서 박수를 유도해 내는 분위기는 재미있고 시간 가는 줄 몰랐다.

그러나 아무래도 가장 관심이 가는 것은 국토해양부 장관의 마지막 강연이었다. 마지막으로 나선 정종환 장관은 건교부와 철도산업을 이끌었던 수장답게 자신감이 넘쳤다. 어렵게 시간을 활애해 제주까지 내려온 배경을 설명하고 강연보다는 업계의 애로를 현장을 누비면서 잘 파악하고 있다는 점을 말했다. 더불어 대통령에게 국가경제의 동맥이 막힌 현실과 건설업의 애로를 보고하고 설득하였으며, 강연보다는 업계의 소중한 소리를 듣고 가겠다는 말로 강의를 마무리했다.

우리 건설업계가 현대적 의미의 산업으로 대통한 뜻 깊은 61년, 우여곡절을 겪으면서 괄목한 성장도 있었고 해외 건설에서 300억 $ 이상 수주하는 쾌거를 이룩한 동력도 있었다. 국가 경쟁력 재고와 행복지수를 만족시키는데 자긍심과 긍지를 갖기도 했지만 우리에게 다가온 냉혹한 현실은 벽척간두로 몰아가고 있다. 장관에 대한 건설업계 CEO들의 질문이 이어지고 내 차례가 되었을 때 나는 다음과 같은 질문을 시작했다.

Q. 어제 국토부위원회 이병석의원은 토개공 토지환매를 10% 삭감 없이 할 수 있도록 장관님과 타협하겠다고 공언하시고 여러분이 만족할 수 있도록 좋은 선물을 주겠다고 했는데 어떤 결과로 정리할 수 있는가.

Q. 임대주택의 분양전환시가 5년에서 10년으로 기간이 늘어났는데 입주자들은 상대적으로 빨리 분양받겠다는 입장이고 보면 시장 논리에 맡겨 처리하는 게 맞지 않는가? 또한 국민주택기금이 30년 넘게 변화 없이 금리와 운영방법이 유지되고 있는데 현실에 맞지 않고 60m² 미만은 3%, 85m²미만은 4.5%로 전세 자금 대출 금리 4.5% 동일하게 유지되고 있음은 형평성에 맞지 않다. 85m² 이상의 토지도 기금을 지원해야 한다. 지난 참여 정부 때 당시 이해찬 총리에게 건의했던 내용이지만 국민주택 운영이 너무 옛날 방식이고 지금의 현실과는 맞지 않을 뿐 아니라 운영 개선이 필요하다는 지적에 공감하면서 꼭 검토해서 개선되도록 하겠다는 답변을 들은 봐 있음을 상기시켰다.

Q. 마지막으로 지금 전국적으로 혁신도시 사업이 국토 균형발

전과 사회적 갈등과 위화감 해소 차원에서 건립되고 있지만 인구유입책없이 정부기관만 옮겨간다고 혁신도시 성공이 가능하겠는가.

또한 수도권 토지에서도 PF가 되지 않아 토지해약이 속출하고 있는데 지방사업인 혁신도시에 PF금융이 되지 않는다면 성공적인 사업이 될 수 없을 뿐더러 지방 중소기업을 하는 건설사는 아예 참여 기회가 주어지지 않는다. 이에 대한 장관님의 생각과 향후 대책은 무엇인가.

이에 대한 정종환 장관의 답변은 다음과 같았다.

첫 번째, 토지환매와 관련해서 토개공에서는 토지 계약이 파기될 때 2조원 가량되는 금액 때문에 난색을 표하고 있지만 다시 한 번 고통분담을 호소하면서 설득해보겠다. 혁신도시에는 공공기간이 이전될 것이고 인구유입책은 꾸준히 검토하고 있다. PF 또한 검토하겠다.

두 번째, 국민주택 기금이 30년 이상 손질되지 않고 운영되어 온 점은 현실에 맞게 잘 검토해서 방안을 내놓겠다.

이밖에, 지금은 예산절감보다 프로세스를 진행하는 차원에서 무엇이든 접근하고 있다. 업계도 이 어려운 시기를 잘 극복하고 정부에서도 사업하기 좋고 실물경제가 살아나도록 잘못된 법을 고쳐나가고 있으니 서로 지켜보고 협조 부탁한다는 답변이었다.

결국 답은 한 가지였다. 아무리 어려운 시기일지라도, 변화 속에는 반드시 기회도 숨어있다. 그 기회를 찾아내는 것은 결국 사람 자신이다. 며칠간의 짧은 시간이었지만 많은 이들은 그 시간을 보내면서 적어도 그런 상황에 대한 인식을 하는 데 도움이 되었을 것이다. 그렇다면 이제 그 인식을 바탕으로 상황을 스스로 역동적으로 변화시킬 힘을 키우고, 앞으로 나아가는 것만이 지름길이 라는 생각에 이르렀다.

도지사 순방에 따른 지자체 역할

올 겨울은 유난히 눈이 많이 내려 눈과 함께 많은 시간을 보낸 것 같다.

예부터 정초에 내리는 많은 눈은 다복을 상징한다고 했는데, 갑신년 원숭이 해를 맞아 재앙도 막고, 좋은 일도 많아 이 고장에 많은 변화를 줄 것 같다. 그 움직임을 생활의 원동력으로 느끼고 실감을 할 때 진정 세월을 논할 수 있을 것이다.

특히 전남도지사의 생각과 행보는 전남의 미래를 예측하는 가늠자이기도 하다. 민선자치시대, 갈등을 빚고 있는 전국지자체 가운데 처음으로 광주·전남의 단체장이 상생의 원칙 속에서 공동발전을 도모하여 기업도시 전남 서부권 유치 노력에 합의를 하였다.

이는 전국경제인연합회가 주도하지만, 정부에서 적극 호응하는 사업으로 예상부지가 1,000만평에 이른 만큼 신외항과 무안공항, 서해안고속도로를 축으로 유효적절한 토지를 확보하고 있는 우리

지역에서는 뜨거운 감자로 관심과 기대를 가질만하다 하겠다. 기업도시의 필요성과 효과를 목포 주변에 묶어두고 발상을 논의하고 의견을 모아야한다.

매년 이맘 때면 도지사가 시 · 군을 순방하고 환영하지만 도백의 의중이나 결정에 민감하게 반응하면서 기대를 갖곤 했다.

이제 전남경제 살리기를 표방하며, 동아시아는 물론 미국을 안방처럼 넘나들면서 MOU체결에 팔을 걷어붙이고, 발로 뛰는 또 다른 스타일의 박태영 지사를 맞이하기 위해 시 · 군에서는 바쁠 것이다.

나는 목포시청 뒤편에 자리한 유방산을 자주 오르곤 하는데, 한참 건설 중인 압해대교에 시선이 마주하는 동시에 멀리는 장성, 함평만이 연결된 무안반도의 해수로에 신외항과 공항까지 연결되는 기업도시 위치를 머릿속에 그려본다. 그리고 전문성과 데이터에 근거한 종합적인 판단을 하는 도백의 의중은 무엇일까 하는 설레임도 있다. 중니 선생은 제나라에서 韶를 듣고는 춘삼월에 고기맛을 알지 못했다고 했다. 기업도시의 발상은 시작되었는데, 어떻게 결정되어갈 것인가?

오이가 익으면 저절로 꼭지가 떨어지는 법이나, 우리가 아무런 노력도 하지 않고, 기대와 변화만 바란다면 세상을 너무 쉽게 생각하여 반딧불로 수민산을 태우려고 덤비는 자와 진배없을 것이다. 물고기에 비해 연못이 작을 수는 없을 것이다. 기다리고 있지만 말고 준비를 해보자. 아울러 기업도시에 관심을 좀 갖자.

해설

'가족'과 '생명'의 의미 탐구

| 해설 |

'가족'과 '생명'의 의미 탐구

강 경 호
(시인, 문학평론가)

1.

수필가 김호남은 건설회사의 대표이사이다. 평생을 사업가로 일해 온 전문경영인인 것이다. 그런데 그는 사업가적 기질만 있는 것이 아니다. 늦깎이로 문단에 등단했지만 그 만의 부지런함으로 벌써 세 권의 수필집을 펴낸 수필가이기도 하다.

흔히 전문경영인이라면 문학적 감수성에 무딜법한데 그의 글은 풍부한 감성이 녹아있다. 아마 그가 일찍이 문학인으로 나섰다면 대단한 문학적 업적을 쌓았을 것이라는 생각이 든다.

수필가 김호남은 문단 등단과 더불어 2006년 이래 『새들은 함부로 집을 짓지 않는다』, 『삶의 물레는 돌고 도는데』, 그리고 이번에 펴낸 『바다를 품다』 등 세 권의 작품집을 펴냈다. 5년 동안에 무려 세 권의 수필집을 펴낸 왕성한 문학적 열정은 보기 드문 일이다. 일반 수필가들에게도 이루기 힘든 창작의 성과를 정신없이 바쁘게 사업과 사회적 활동을 하고 있는 그가 이뤄냈기 때문이다. 무서우리만치 강한 집념과 끈질긴 성취욕은 이미 그가 이룩한 사회적, 경제적 위치가 보여주듯 문학에 대한 뜨거움 또한 독자들을 놀라게 하고 감동을 주기에 부족함이 없는 것이다.

이러한 문학에 대한 열정과 성취욕은 이미 그가 등단하기 전부터 여러 매체를 통해 수많은 글을 발표했던 것에서 이미 예견되었다고 볼 수 있다. 단순하게 전문 경영인으로서만 머문 것이 아니라, 김호남은 그가 지닌 다양한 전문지식을 일반 독자들은 물론 주택건설업계의 전문가들에게 자신의 정보와 지혜를 끊임없이 제공하여 보다 합리적이고 인간적인 가치로 활용할 수 있게 하였다. 이러한 그의 글쓰기는 실사구시 정신에서 기인한 것이 분명하다.

이제 보다 구체적으로 수필가 김호남의 작품을 들여다봄으로써 그가 이 세상을 살면서 무엇을 생각하고, 왜 사는지, 또는 어떻게 사는지를 확인할 수 있을 것이다.

2.

주지하다시피 수필문학이란 자신의 목소리를 통해 독자들에게 들려주는 일인칭 고백문학이기 때문에 작가가 체험한 세계일 수밖에 없다. 이것은 수필가 김호남에게도 적용되어 그의 작품을 살핌으로써 인간 김호남을 들여다보는 일이 될 수밖에 없다.

우선 김호남 수필가가 글을 쓰는 이유를 직접 들어보자.

책이란 죽은 자를 깨워서 불러내고 산자에게도 영원한 생명을 선사하는 기호들로 가득한 마법의 세계다. 또한 글은 진실을 담아내기 위한 자신과의 약속이다. 그래서 기회가 되면 글을 써서 한 권의 책을 만들어서 소중히 간직하고 싶다. 책을 읽는 것 또한 자기를 정화시켜 나가고 마음이 넉넉해지며 이해할 수 있는 기회를 넓혀 주기 때문이다.

-「글을 쓴다는 것」 중에서

위의 글은 수필가 김호남 수필가의 첫 번째 작품집 『새들은 함부로 집을 짓지 않는다』에 수록된 작품이다. 그가 왜 글을 쓰는지에 대해 밝히고 있는 이 글에서 글(책)은 "죽은 자를 깨어서 불러대고 산 자에게도 영원한 생명을 선사하는 기호들로 가득한 마법의 세계"라는 것이다. 사람이 한 생을 살면서 어떻게 사느냐에 따라서 비문(碑文)이 달라지듯 글은 그 글을 쓴 사람의 비문이기도 할 것이다. 아무렇게 산 사람이 쓴 글이 무엇인가 가치 있는 생각을 글로 쓸 수 없는 것처럼 가치 있는 삶을 산 사람은 틀림없이 의미 있는 글을 쓰기 때문이다. 그러므로 가치 있는 삶을 살기 위해 열심히 노력하는 것이 인생의 가장 중요한 목표가 마땅히 되어야 한다. 곧 인생의 풍부한 경험을 진실하게 글로 남겼을 때 그 글은 글을 쓴 사람의 삶의 모습을 그대로 보여줄 수 있다. 그러므로 글을 쓴 사람이 죽은 후에도 이름을 오래 남길 수 있을 것이다. "죽은 자를 깨어서 불러"낸다는 것은 글을 쓴 사람을 기억한다는 말일 것이다. 수필문학의 본질이 어떤 것인가를 말해주는 대목이라고 할 수 있다. 뿐만 아니라 글이 "산 자에게도 영원한 생명을 선사하는 기운들로 가득한 마법의 세계"가 될 수 있는 것은, 좋은 글을 통해 수많은 독자들이 지혜와 깨달음의 영감을 얻을 수 있기 때문이다. 이때 좋은 글이란 작가의 풍부하고 진실한 인생 경험에서 얻어진 것으로 누구에게나 인생을 인도하는 어둠 속에서 빛나는 오롯한 등불 같은 것이어야 한다.

이런 측면에서 '김호남'이라는 사람을 바라보면, 그는 글을 쓸 수 있는 바탕이 충분히 넘치는 사람이다. 질척거리는 지난한 삶의 현장에서부터 어렵게 자수성가했으며 산길에 죽어있는 새의 주검을 바라보며 측은한 생각을 갖는 사람이기 때문이다. 뿐만 아니라 그는 주변의 낮고 가진 것이 없는 자들을 그냥 내버려 두지 않는 따스한 가슴을 지닌 사람이기도 하다. 누구보다도 풍부한 인생 경험을 지녔기에 그가 걸어온 길에서 만났던 수많은 사연과 사람들과의 만남은 독자들에게 때로는 아프게 다가갈 것이며, 때로는 아름답고 행복하게 다가가는 복음이 될 수 있는 것이다.

또한 수필가 김호남은 "글은 진심을 담아내기 위한 자신과의 약속"이기에 글을 쓰고자 한다. 아무리 풍부한 인생 경험을 가졌을 지라도 진실하지 못하면 소용이 없다. 온갖 문학적 수사를 통해 거짓을 말한다면 독자들은 그 글을 통해 아무것도 보지 못할 것이다. 마치 명품 옷과 화장품으로 치장한 가짜 미인에게서 진정한 아름다움을 느낄 수 없는 것과 같다. 그런데 김호남은 독자들보다 자신에게 떳떳하고 진실한 모습을 검증받고자 한다. 그러므로 진실한 자신의 모습을 확인하는 수단으로 글을 쓰고자 하는 그의 글쓰기의 태도와 삶의 자세는 올바른 것이 아닐 수 없다. 그렇기 때문에 그는 글이 "자기를 정화시켜 나가고 넉넉해지며" 자신과 타자를 "이해할 수 있는 기회를 넓혀"준다고 믿는다. 다시 말해 김호남은 글을 통해 참된 자신을 발견하고자 하며, 세상을 이해하는 소통의 방식으로 글을 쓰는 것이다.

3.

이 글은 수필가 김호남이 지금까지 펴낸 세 권의 작품집을 망라해 그의 작품세계를 바라보는 글이다. 그러므로 그가 지금까지 이룩한 문학적 성과에 대한 작품론이 될 것이다.

수필가 김호남의 작품 경향을 크게 두 가지 측면에서 나눠볼 수 있다. 흔히 서정적인 세계를 보여주는 것과 언론 기고문과 행사 때 사용한 인사말류가 그것이다. 먼저, 서정적인 것들은 그가 일상에서 만나고 사색한 것들을 글로써 형상화시킨 것들인데 본격적인 수필가의 세계를 보여준다. 그러나 칼럼이나 연설의 형식을 취한 것들은 그때그때 시사성을 보여주는 까닭에 분명한 목적을 갖고 쓴 글들이디. 그러므로 작품성을 따지기에는 좀 무리가 따를 것이다. 물론 이런 유의 글들은 '실사구시'라는 측면에서는 유용하지만 아무래도 수필 문학이 갖는 정서나 사상, 그리고 깊은 사색을 투사시키기에는 한계가 있을 수밖에 없다. 그러나 실용적 관점에서 보면 시의적절하고 보다 살기 좋은 세상을 건설하기 위한 메시지가 강한 글이라는 측면에서 나름대로 의미가 있다.

이 글에서는 이른바 서정적인 작품들을 중심으로 살펴보도록 하겠다. 수필의 내용과 형식을 잘 갖춘 것들이며 이른바 본격수필이라 할 수 있기 때문이다.

수필가 김호남의 글에서 가장 많이 등장하는 것은 '가족'이다. 주지하다시피 가족은 공동운명체로 가족과 함께 살아가는 것이 인간이기 때문이다. 가족이 있어 행복하고 가족 때문에 슬프며 그러한 가족을 위해 존재의 의미를 찾는 것이 인간의 삶이다. 그러므로 누구나 당연히 가족에 관심을 갖지 않을 수 없다.

부모님으로부터 아내와 딸들, 그리고 형제에 관한 그의 관심과 사색은 그가 즐겨 쓰는 소재들이다. 그만큼 가족에 대한 사랑이 깊은 까닭이다.

> 나는 아버지를 대신해서 가장역할에 익숙해져 갔다. 가정을 책임지기 위해서는 항상 성실해야 했다. 내 삶의 목표와 희망은 가정을 일으키고 보자는 것이었다. 결혼하면 절대 아내 고생은 안 시키고 자식은 하나만 낳아 잘 키워야겠다고 다짐했다.
>
> 우리 어머니는 현실과 잘 타협하는 분이셨다. 낙천적인 성격으로 경우에 합당한 일이 아니면 불같이 화를 내면서 굽히지 않은 강인한 기질이셨다. 주변사람들이 호남이 어머니는 여장부라고 말하곤 했다.
>
> 이런 환경에서 내 가치관은 살아남는 삶으로 성장하는 것이었다. 나에겐 젊은이가 겪는 사춘기도 없었다. 큰 아들로서 가정을 책임지는 의무가 있었을 뿐이다. 장래 내 아내 될 사람이 미용기술을 가진

사람이면 좋겠다고 생각했다. 열심히 노력한 결과 생활이 조금씩 풀려나가자 양장점 재단기술자를 만나면 좋겠다고도 생각도 했다. 또 집을 장만하면 아래층은 양장점 이층은 안집으로 꾸미는 것도 설계해봤다. 더욱 생활이 윤택해지자 이제는 초등학교 교사와 결혼해도 좋을 것 같아 한 번은 소개로 만난 적도 있다. 돈은 조금씩 모아졌고 나는 제법 사업하는 사람이 되어가고 있었다. 입 · 출금 때문에 매일 은행을 출입한 나는 열정적인 노력으로 지금의 아내를 맞이했다. 결혼계획 만큼은 생각과 상상대로 추진되어 어머니가 겪은 한 많은 세월을 물리칠 수 있었다.

-「어머니의 지혜」 중에서

수필은 문장력만으로 쓸 수 없다. 생활공간 속에서의 생생한 체험이 뒷받침되어야한다. 소설이나 시 등의 장르에서는 작가의 생생한 체험 없이도 흥미 있고 다양한 메시지를 전달할 수 있다. 그러나 수필은 생활인의 체험담을 통해 건강한 깨달음과 메시지를 설득력 있게 전달할 수 있다. 간혹 사고와 비판의 빈곤이 있는 작가들의 작품을 만나기도 하는데 그것은 작가의 자질과 함께 풍부한 인생 체험이 부족하기 때문이다.

김호남의 「어머니의 지혜」는 작가 자신의 체험을 바탕으로 쓴 글이기 때문에 진정성과 함께 설득력을 갖는다.

수필가 김호남은 그의 고백을 통해 알 수 있는 것처럼 병든 아버지 밑에서 궁핍한 소년시절을 보냈다. 그러므로 4남 2녀의 맏이로서 그는 가족에 대한 책임의식을 갖는다. 그가 모은 돈으로 아버지의 병원비와 동생들의 학비를 보탠다. 그러면서 그의 마음속에서는 결혼하면 아내를 고생시키지 않겠다고 다짐한다. 그것은 아버지의 병환 때문에 어머니와 동생들이 가난 때문에 고생을 하기 때문이다. 특히 어머니가 고생하는 모습에서 아버지라는 존재를 깊이 인식한 까닭이다. 집안의 가장인 아버지라는 존재가 튼실해야 가정이 평안하고 고생을 하지 않는다는 것을 일찍 깨달은 작가는 훗날 자신이 아버지이기도 하며 남편이기도 한 가장이 되었을 때 자신의 아버지처럼 아내와 자식을 고생시키지 않겠다고 다짐하기에 이른다. 그러기 위해서는 육체적으로나 정신적으로 건강한 사람이 되어야 함은 당연한 일이다. 그런 생각으로 살아가는 김호남은 남들이 모두 통과의례처럼 겪는 사춘기조차 피해갈 정도로 바쁘고 건강한 생활을 할 수밖에 없었다. 그러한 그의 의식 속에서 싹튼 것은 자신과 함께 생을 꾸려나갈 알맞은 아내를 맞아들이는 일이었다. 처음에는 미용 기술이 있는 여자를 소망했다. 참으로 소박한 꿈이 아닐 수 없다. 이후에 생활이 조금 펴지자 양장재단 기술을 가진 여자를 아내로 꿈꾼다. 양장점과 안집을 갖춘 2층짜리 집을 꿈꾸었다가 나중에는 초등학교 교사와 결혼하면 좋겠다는 생각을 하기에 이른다. 점점 그의 꿈이 커져간 것이다.

어찌됐든지간에 그는 은행원을 아내로 맞아들여 가정을 행복하게 꾸려가고 있으니 훗날 사업가로서 자신에게 알맞은 꿈을 이루었다고 볼 수 있을 것이다. 그가 이처럼 자신에게 알맞은 아내를 맞아들이려 여러 가지 꿈을 꾸었던 것은 가족을 부족함 없이 평안하게 잘 이끌어가고자 함이다. 그가 “어머님이 처한 통한의 세월을 물리"쳤다고 고백할 수 있는 것은 물론 가족에 대한 사랑이 가장 큰 힘이 되었겠지만 진정한 인간의 삶이 무엇인지를 일찍 터득했기 때문이다. 또한 그가 '가족'이라는 공동 운명체가 존재의 이유이며 세상에서 가장 의미있는 가치라는 것을 인식한 까닭이라고 할 수 있다.

은행원 아내를 맞아들인 작가는 살아오면서 사회적 활동과 사업 때문에 본의 아니게 그가 일찍이 다짐한 가족에 대한 사랑을 사업이나 사회활동 때문에 소홀한 적도 있었지만, 그러나 그의 마음속에서는 여전히 식지 않는 사랑이 뜨겁게 불타오르고 있었다. 그것은 가족을 지키겠다는 가장 원천적인 다짐이라고 할 수 있다.

> 가족은 힘이요, 희망이다. 가족은 행복이라는 미래가 있다.
>
> 어려운 시대를 살면서도 가족을 지켜야한다는 무거운 책임감과 사명감으로 살고 있다.
>
> 자연에서 삶을 배우듯 성장한 애들이 혼기를 놓칠 수 있다는 불안감에 편치 못하다. 시집가야지 하면 다 하나님이 알아서 한다고 '걱정 마세요.' 한다.
>
> 내 안에 존재하는 생명들이 있다. 머리카락 수만큼 지문의 소용돌이가 갖가지 존재하는 세상이다. 부드러운 한줌의 흙도 청량한 한 모금의 샘물도 삶의 향기와 꽃의 아름다움으로 피어나고 사그라지는 퍼즐 같은 세상, 이틀째 사이판의 밤은 깊어간다.
>
> -「사이판에서 아내의 생일을 맞다」 중에서

인간 김호남의 가족에 대한 뜨겁고 절실한 고백에서 가족의 의미를 다시금 되새길 수 있으며, '가족'이라는 말이 그의 말처럼 '행복'이며 '미래'임을 확인할 수 있다.

가족을 진심으로 사랑하는 인간 김호남이 가족을 지키기 위해 가장 먼저 바라보는 사람은 그와 함께 가족을 이끌어가는 동반자인 아내였을 것이다. 물론 세 딸에 대한 사랑 또한 지극하지만 아내의 쉰다섯 번째 생일을 맞아 그는 사랑스러운 애교를 떨지 않을 수 없었다.

> 보름달 빛 환희 비춰는 밤 당신 생일을 축하하오.
> 당신이 꽃같이 아름다운 이 밤 그대 생일에 온가족이 모였소.
> 당신은 명주처럼 부드럽고 고운 모습으로 미소를 머금고 있었소.
> 동백꽃처럼 붉은 입술은 상냥스럽고 부드러운 몸짓으로 내 마음에 햇살 되고 바람 되어 애정의 꽃망울 만들어 갔소.
> 내 마음 풍금처럼 오색조 되어 그대 맞으려 울어낸 나날 헤아릴 수 없었소.
> 폭죽 터트려 삶을 이어 합한 인생 31년, 잡풀도 헤치고 외로운 길 넘어 우리가족을 이루었소.
> 목마르고 아픈 세월 노여움 넘어 믿음의 벌판까지 차올랐소!
> 작은 꽃들 피어 날 때 달빛 웃음 보낸다오. 우리 합한 인생 우리 세 딸 동행하니 사랑만 가득하오.

어둠 내려도 빛 가운데 있어 두려움 없는 우리 가족, 엄마 생일에 우리 딸들 풍선달고 하늘거리오. 두리둥실 맑은 달빛 그 빛 아름다운 밤에 우리 가족 함께한 웃음소리 드높소.

오랜 세월 사랑한다는 말 까닭 없이 못했었소.

사랑해요. 여보.

더욱 사랑합니다.

우리 함께 한 세월 자식들에게 수놓게 합시다.

- 아내의 쉰다섯 생일에 당신의 남편이

-「사이판에서 아내의 생일을 맞다」 중에서

아내의 생일을 맞아 온 가족이 사이판에 여행을 갔다. 그곳에서 오랜만에 사랑하는 아내에게 사랑의 글을 바치는 김호남의 모습은 진지하고 애틋하다. 그러나 사랑고백의 편지를 쓰는 작가의 모습은 솔직히 조금 머쓱하다. 그도 사랑고백 따위에 익숙하지 않은 한국 남성이기 때문이다. 그럼에도 불구하고 그의 모습은 거룩해 보인다. 어찌 아내에게 애틋한 편지를 쓸 생각을 하였을까?

위에 인용한 그의 편지는 지난 젊은 시절, 아내와 함께 가정을 꾸려온 추억을 회고한다. 31년이라는 세월을 "잡풀도 헤치고 외로운 길 넘어넘어 큰길 지나 이 자리에 온 가족 하나 되었소. 목마르고 아픈 세월, 노여움 넘어 믿음의 벌판까지 차올랐소" 하면서 아내와 함께 해 온 세월이 때로는 쉽지 않았음을 고백한다. 그러나 "우리 인생에 세 딸 동행하니 사랑만 가득 하"다고 한다. 가정을 이루어 세 딸을 낳아 함께 할 수 있음이 진정한 행복임을 고백하는 것이다. 그렇기 때문에 "비에 젖어도 가벼운 하루의 무게", "어둠 내려도 빛 가운데 있어 두려움 없는 우리 가족"이라는 생각을 할 수 있었던 것이다.

사이판의 "맑은 달빛 아름다운 밤에", "가족 웃음소리 드높"을 수 있으며, "오랜 세월 사랑한다는 말 차마 못"했지만 "사랑해요. 여보 더욱 사랑합니다."라고 고백할 수 있는 것이다. 그러면서 그는 이 편지 끝에 "우리 함께 한 세월, 자식들에게 수놓게 합시다." 하면서 사랑하며 행복하게 살아온 시간처럼 오랜 시간을 자식들과 함께 하자고 한 것은 아내에 대한 사랑을 바탕으로 자신의 가족이 영원히 행복해야 한다고 생각하기 때문이다.

수필가 김호남은 자식에 대한 사랑도 끔찍하리만큼 애틋하고 자상하다.

> 너는 이런 상황에서도 절제된 자세와 차분한 행동으로 나를 놀라게 한다. 너의 침착한 태도에 오히려 아빠가 위로를 받으며 신의 존재를 만나고 있는 것 같다. 아니 이 순간에도 우리는 신의 역사 속에서 움직여지는 것이다. 그 신의 손길이 느껴지는 것이다.
>
> 그러면서도 맨 뜨락에도 민들레가 피고 새싹이 돋듯이 네가 다시 건강해지고 성숙해질 것이라는 바람과 희망을 갖는다. 이 봄에 초록빛 신록이 너를 감싸고 초록물이 올라 새로운 삶으로 거듭날 것이라고 믿어 본다.
>
> 하나님은 풍성함도 주지만, 때로는 외로운 기러기처럼 떠나보내는 시련도 주신다. 푸른 초장에 눕게 하시며 잔잔한 물가로 인도하시니, 시편을 기억하고 읊조린다.

하느님이 특별이 너를 사랑하여 이런 시련을 주신 것일 거라는 확신이 들었다. 유신아! 수술을 통해서 잃는 것만은 아니다. 너는 새로운 것을 얻을 것이다. 그러니 현실을 묵묵히 받아들이고 담대하게 생각하자.

생명이란, 소중한 것이고 지킬 가치가 있다. 그것을 느낄 때 너는 성숙되어 있는 자신을 발견할 것이다. 가치 있는 삶을 살기 위해서 스스로에게 친절하고 너그러워지거라. 오늘의 고통을 성장의 동력으로 활용하거라.

누구나 일생에 한 번은 경험할 상실을 네가 먼저 경험하는 것이라고 생각하거라. 삶이란 어떤 의미로는 상실의 연속이란다. 무엇을 얻든지간에 반드시 상실은 그림자처럼 따라다니는 것이다. 이번 경험을 토대로 건강을 다시 설계하고 미래를 가늠해 보는 지혜를 터득하길 바란다. 네가 꿈꾸는 이상을 실현하는 기회로 발전 시켜나가면 좋겠다.

-「특별한 사랑」 중에서

김호남 수필가의 딸 사랑은 유별나다, 사업가로서 눈코 뜰 새 없이 바쁜 그이지만 딸들이 사는 서울 집에까지 가서 마치 친정어머니처럼 집안을 청소하고 냉장고를 정리하고 밥과 반찬까지 마련하는 모습을 보인다. 딸들이 어렸을 때는 학부형으로서의 도리를 다하기도 했다. 그래서 그는 딸들에게 이메일을 보내는 등 아버지로서의 자상함을 보여주기도 한다.

「특별한 사랑」은 출받는 딸에게 편지 형식으로 쓴 작품으로 둘째 딸 유신이가 큰 수술을 받을 때의 심정을 토로한 글이다. 노심초사하면서도 고통을 보다 큰 기회로 생각하는 담대함을 보여준다.

수필가 김호남은 자식이 겪는 고통과 충격을 건강한 삶을 사는 기회로 삼자고 딸에게 말한다. 고통과 시련을 통해 보다 성숙해질 수 있는 기회를 하느님이 준 것이라고 믿는 것이다. 그렇기 때문에 큰 수술을 받는 위험한 상황이지만 특별한 사랑을 베푸는 과정이며 기회로 이해하는 것이다. 이때 작가는 신의 존재를 인식하는데, 이는 인간이라는 존재의 한계를 깨닫는 계기이기도 하다. 그래서 '인명은 천명'이라고 말하는 것이 아니겠는가.

고통과 상처를 '특별한 사랑'이라고 인식하기까지 작가는 많은 생각을 하였을 것이다. 처음에는 고통스럽고 절망했겠지만, 그러나 수술받아야 하는 자식이 오히려 절제된 자세와 차분해지는 모습에서 부모가 위로를 받게 된다. 흔한 말로 '아픈 만큼 성숙해진다'는 것처럼 부모와 자식간의 사랑이 무조건적이기 때문에 깊이 만난 고통만큼 사랑도 깊어지는 계기가 될 수 있었던 것이다.

이러한 인식의 바탕에서 작가는 큰 수술이 끝난 후 세상을 바라보면 세상이 더욱 아름답게 보일 것이라고 딸에게 들려준다. 지금껏 보이지 않던 사소한 것이 의미있게 다가올 것이며, 들리지 않는 미물들의 목소리까지 들을 수 있다는 것이다.

「특별한 사랑」은 시련과 고통이라는 어려움을 긍정적으로 전환시키려는 작가의 시각이 참신하고 아름답다.

수필가 김호남은 사업을 하면서 자신의 회사에서 일했던 매형과 동생을 읽는 아픔을 경험했다. 그 아픔은 여전히 그에게 깊은 상처가 되어 그를 고통스럽게 하고 있다. 특히 그는 최근에 피를 나눈 막내 동생을 잃은 아픔을 삼키고 있다.

아무리 인명은 재천이요, 역려(逆旅)의 과객(過客)이라지만 8월의 일주일은 너무 잔인해서 받아들일 수 없는 나날이었습니다. 평소 매사에 서두르지 않고 차분하면서도 든든했던 동생을 무엇이 그리 급하여 이리도 훌쩍 데려가 버렸는지 신에게 따지고 싶었습니다. 거부하고 싶은 운명을 참아내며 비통하고 안타까운 마음을 담아 추도했습니다.

… 중략 …

저는 이번 동생의 사고를 통해 우리가 자연의 지배자가 아니라 그저 일부라는 엄연한 사실을 겸허한 마음으로 받아들이기로 했습니다.

-「동생을 떠나보내며」 중에서

이백(李白)은 '부천지자(夫天地者)는 만물지역려(萬物之逆旅)요, 광음자(光陰者)는 백대지과객(百代之過客)이로다' 라고 했다. 즉 무릇 하늘과 땅은 만물이 잠시 쉬어가는 여관(旅館)이요, 세월(光陰)은 영원히 쉬지 않고 지나가는 나그네와 같다고 했다. 뿐만 아니라 '이부생약몽(而浮生若夢)하니 위환(爲歡)이 기하(幾何)오'라고 했는데, 이 중에 인간의 생애라고 하는 것은 꿈같이 덧없고 짧은 것이니 이 세상에서 환락을 누린다 한들 그 얼마나 길게 계속될 것인가를 탄식했다.

인명은 재천(在天)이라지만 슬프고 안타깝고 경험하지 못할 시간이 내 앞에 있다.

-「입관」 중에서

지금껏 건강하고 성실하게 살아온 동생의 갑작스러운 죽음은 김호남에게 날벼락같은 것이었을 것이다 착하게 살아온 동생을 일찍 데려간 운명을 거부하고 싶었을 것이다. 뿐만 아니라 신이 있다면 신에게 따져 묻고 싶었을 것이다. 그렇지만 "동생의 사고를 통해 우리 인간이 자연의 지배자가 아니라는 것을 인식하는 계기로 삼는다. 이러한 마음의 변화는 '인간은 만물의 영장'이니 '인간은 자연의 지배자'니 하는 인간의 오만방자한 태도를 반성했기 때문이다. 인간이 아무리 잘났다고 해도 보이지 않는 거대한 존재가 있어 인간의 생명을 주관한다고 인식한 까닭이다. 그것은 과학문명을 통해 자연을 정복한 인간의 능력이 생명까지는 마음대로 주관할 수 없는 존재이기 때문이다. 다시 말해 인간은 거대한 빌딩을 세우고 우주 밖에까지 다녀오기도 하지만 자신의 목숨에 대해서는 한 치 앞도 예견하지 못하는 존재이다. 즉 인간 역시 자연의 일부라는 것을 작가가 깨닫기에 이른 것이다. 이러한 마음은 '겸손'이 아니다. 당연한 순리이며 이치여야 하는 것이다. 그렇기 때문에 작가는 「입관」에서 "인간의 생애라고 하는 것은 꿈같이 덧없고 짧은 것이니 이 세상에서 환락을 누린다 한들 그 얼마나 길게 계속될 것인가를 탄식"하는 것이다. 이른바 작가는 인간의 삶에서 '허무'를 발견한다. 수필가 김호남의 허무의 힘은 그를 보다 높은 정신적 고처로 이끈다. 그가 세상 속에서 건설사업과 육영사업을 하면서 늘 고민하는 것의 중심에 '어떻게 많은 사람들에게 유익함을 줄 수 있겠는가?'가 있는 이유는 그것 때문이다. 좋은 집을 지어 보다 많은 사람들에게 유용하게 혜택이 돌아가게 하려는 노력 또한 같은 맥락이며 인성이 잘 갖춰지게 하고 유익한 지식을 가르치고자 인재들을 모아 배우게 하는 이유이기도 하다. 다시 말해 '허무'는 그저 '덧없는 것'이 아니라 그에게 '어떻게 살 것인가?'라는 질문에 대한 대답을 마련해주는 것이라고 할 수 있다.

4.

수필가 김호남이 깊은 관심을 갖는 또다른 세계는 '생명성'의 탐구이다. 물론 앞에서 살펴본 작품세계도 크게 보면 생명성에 대한 그의 관심으로도 얘기할 수 있을 것이다. 뿐만 아니라 그가 살아온 이력처럼 주택을 짓고 학교에서 아이들이 열심히 공부하게 하는 일 모두가 삶의 근간인 건강한 생명을 위한 사업이기도 하다. 그러나 보다 적극적으로 생명성을 탐구하는 그의 열정은 늘 가까이 있는 고향 목포가 생명의 시원인 바다를 끼고 있기 때문에 바다에 대해 관심을 갖기 시작하면서부터 그의 내면에 '생명', 또는 '목숨'이 자리했을 것으로 짐작된다.

주지하다시피 인간은 산업혁명 이후 급속도로 과학문명을 발전시켜 자연을 하나의 정복 대상으로 삼아왔다. 즉 자연을 물질적 가치로 여겨온 것이다. 그 이면에는 끝없는 욕망이 자리잡고 있다. 지칠줄 모르는 욕망은 자연을 철저하게 파괴하고 소외시켜 이제는 자연과 인간이 서로 불화하여 충돌하고 있다. 자연은 수많은 생명으로 있는지라 결국 인간은 수많은 생명과 불화하고 있는 셈이다. 이러한 인간의 욕망은 자연과의 충돌만 하는 것이 아니다. 인간과 인간의 불화로 지구촌에서는 하루라도 분쟁이 멈출 날이 없다. 이는 인류의 역사가 시작된 이래 보여온 전쟁의 역사가 말해준다. 국가와 국가간의 분쟁뿐만 아니라 계층간에도 끊임없이 불화가 계속되어 소외와 상처의 연속이다. 이것은 오늘날 우리 사회가 경쟁과 자본의 논리로 운영되기 때문인데, 다시 말해 '생명'에 대한 관심과 사랑의 결핍이 가장 큰 이유라고 할 수 있다. 그러나 우리 선조들의 삶을 들여다보면 오늘 우리 시대의 병증을 극복할 수 있는 처방이 있다. 오래된 당산나무에 영혼이 깃들었다는 생각, 호랑이를 산신령으로 모시는 생각, 처마끝에서 떨어진 제비새끼의 상처를 싸맬 줄 알았던 흥부의 뜨거운 생각, 뜨거운 물을 하수구에 버려서는 안된다는 우리 선조들의 의인화적인 생각의 근간에는 생명을 소중하게 생각하는 아름다운 생각이 깃들어 있었던 것이다. 그래서 얼마 전까지만 해도 신작로를 낼 때 당산나무를 비켜서 길을 낼 줄 알았던 우리가 오늘날엔 측량을 하여 일직선으로 길을 내며 당산나무를 불도저로 밀어버리는 폭력과 잔인함을 지닌 자본의 노예가 되어버렸다.

수필가 김호남은 이러한 시대, 자기 자신의 목숨조차 함부로 버리는 시대를 아파하고 그 슬픔을 뜨겁게 껴안는 삶을 살고 있다. 그는 살아오면서 동생과 매형, 그리고 선배의 죽음 앞에서 더욱 생명의 소중함을 절실하게 체험하며 한 번밖에 주어지지 않는 생명이기에 함부로 인생을 소비시켜서는 안된다는 생각을 갖기도 한다. 이러한 생각을 가진 그에게, 생명은 내면의 아름다움을 지녔을 때 더욱 빛나는 것이며, 한 번 죽지만 영원히 죽지 않을 생명을 탐구하게 하는 것이다.

> 집을 지을 땐 마을의 대목(大木)을 불러와 그 대목이 지시하는 대로 목수들과 인부들이 움직였다. 한쪽에서는 대패질이고 한쪽에선 망치질이었다. 마을에서 제일 곱고 찰진 황토흙을 퍼와 황토흙과 지푸라기를 잘 배합해 차곡차곡 토담을 쌓았다. 토담이 습기를 흡수하고 보온을 유지하는 데에는 최적이라는 것을 우리의 선조들은 오래전부터 터득하고 있었다. 집의 골격이 완성되고 지붕에 먹기와가 올라갈 때까지 대목은 날마다 몸을 깨끗이 하고 수행(修行)하는 마음으로 집을 지었다. 또한 천정에 집을 지은 날을 붓으로 기록해 하나의 생명이 탄생한 것으로 여겼다. 이처럼 우리 선조들도 집짓는 것을 신성한 의식을 치루듯 했음을 알 수가 있다. 올봄 꽃샘추위 속에서 집을 짓는 까치의 마음에서 자신보다도 누군가를 위해 정성껏 집을 짓는 뜨거움을 보았다. 우리네 부모님들이 그랬던 것처럼 황사와 비바람 속에서 날아가 버릴지도 모른다는 불안한 눈빛으로 둥지에 들어앉아 집을 지키던 까치부부의 거룩한 마음이 눈물겹다. 한갓 미물이지만 삿된 욕망에 눈이 어두운 인간들보다 그 마음이 미더웁다.
>
> -「새들은 함부로 집을 짓지 않는다」 중에서

「새들은 함부로 집을 짓지 않는다」에서 주택건설업자인 작가는 새들을 통해 집을 짓는 법을 배운다. 집 짓는 일이야 사람이 더 잘 짓겠지만 새들을 통해 집을 짓는 마음을 그는 배운 것이다. 집을 날림으로 지어 사고가 나거나 주택건설업자와 분쟁을 하며 고통받는 수요자의 처지를 아프게 바라보는 작가의 마음은 어떻게 집을 지어야 할 것인지에 대해 깊이 생각한다. 따지고 보면 집이란 새들에게 생명을 키워내는 아늑한 공간인 것처럼 사람들처럼 투기의 대상이 되어서는 안된다. 그런데 어느 봄날 작가는 새들이 집을 짓고 생명을 잉태해 비바람 속에서도 목숨을 다 바쳐 생명을 지키는 모습을 바라보며 부끄러워한다. 그리고 어린 날 마을에서 집 짓던 모습을 떠올린다. 그 때 사람들은 나무의 뒤틀림을 막기 위해 충분히 건조시키고 마을에서 제일 곱고 찰진 황토흙을 지푸라기와 잘 배합해 차곡차곡 토담을 쌓았다. 나무와 황토가 건강에는 최고이기 때문이다. 집의 골격이 완성되고 지붕에 먹기와가 올라갈 때까지 대목은 날마다 몸을 깨끗이 하고 수행하는 마음으로 집을 지었다. 그런데 하찮은 미물로 여기는 까치가 집을 짓는 것을 보고 작가는 우리 선조들의 집 짓는 마음을 다시금 되새기는 것이다. 집을 하나의 생명의 공간으로 생각하는 새들의 마음에서 거룩한 마음을 발견한 작가는 눈물겨워하며, 생명을 낳고 키우며 지키기 위해서 집을 짓는 일은 아주 소중하고 의미있는 일이라는 것을 터득하는 것이다. 이 작품이 등단작이 될 수 있었던 것은 주택건설업을 하는 작가에게는 우연이 아니라 필연적이었을 것이다.

힘은 건강하다. 황금의 들판 가을녘을 지나 누렇게 시들은 잔디가 약동하는 봄소식과 함께 새싹을 밀어 올리는 것은 땅의 힘이다.

바람이 거세게 불어 어떤 풀이 곧은 풀인지 판가름한다하여 질풍지경초(疾風知勁草)라 하지 않는가!

힘은 싱싱하다. 영혼을 깨우고 정화시킬 수 있는 힘, 마음을 움직이게 하는 문학의 힘은 더욱 싱싱하다.

물살을 가르고 파다닥거림으로 강기슭을 오르는 고기떼의 몸동작은 건강하다. 또 삶의 의욕을 심어주는데 부족함이 없다. 톡톡 뛰는 피리새끼의 파닥거림에서도 싱싱한 탄력을 느낀다. 흐르는 물살을 역류하는 연어의 힘은 차라리 경이롭다.

이처럼 힘은 인간에게 삶의 원천이 되어 주기도 하지만 빗나간 힘이나 주체 못할 힘은 무모하기에 삶의 오묘함이 주는 생명의 감동을 느끼는 것 같다.

힘은 조절되며 눈물도 조정한다. 힘이 없으면 울지도 못하니까 여우같은 영악함으로 단련하려면 힘의 조절이 필요하다. 누르는 힘과 밀리는 힘이 눌리고 밀려오는 강도의 조절은 중요하다. 그래서 힘에 부치면 인정이 아쉬워지고 밀려나는 분위기는 소외로 인한 아픔 때문에 감당하기 힘들 것이다.

-「힘의 분배」 중에서

앞에서 살펴본 「새들은 함부로 집을 짓지 않는다」에서 작가는 주택건설업자인 자신의 입장에서 '집'의 의미를 '생명'의 공간으로 파악하고 있다. 집은 사랑의 공간이며, 생명의 공간, 그리고 생산적인 공간이기 때문에 함부로 집을 짓는 인간의 욕망을 비판하며 성찰하는 모습을 보여준다.

「힘의 분배」에서는 생명의 근원을 '힘'으로 인식하고 있어 '생명'을 다양하게 해석하는 작가의 시선이 이채롭다.

땅속의 뿌리가 자양분을 끌어모아 꽃을 피우는 일과 물고기가 물살을 가르고 파닥거림으로 강기슭을 오르는 고기 떼의 몸동작은 힘의 결과라고 수필가 김호남은 잘 인식한다. 그래서 생명의 원천이 되어 모든 살아있는 것들의 생명의 모습으로 나타난다고 파악한다. 그러기에 힘이 없는 것들은 그것 자체가 '죽음'이라는 함의를 갖게 됨을 유추하게 한다. 그래서 작가는 '생명'의 근간이 힘이긴 하지만, 그러나 그 힘을 함부로 사용해서는 안된다고 인식한다. 즉 힘을 쓸 때와 안 쓸 때를 구분하여 사용하는 것이 진정한 '힘'의 의미라고 설파한다.

우리는 늘 경험한다, 권력의 주변에 넘쳐나는 힘의 향방을. 권력의 힘을 적당히 분배했을 때 국민들은 인간답게 살 수 있다. 그러나 현실은 그렇지 못하다. 권력이 있는 곳에서는 우리가 보아왔듯 언제나 잘못된 힘이 넘쳐 썩은 냄새가 난다. 부정과 부패, 그리고 부조리로 인해 결국 잘못된 힘의 분배는 우리 사회의 패악이 된다. 이것을 잘 알고 있는 작가는 독자들에게, 아니 자신에게 진정한 생명의 아름다움은 풀과 나무처럼 혼신으로 자신의 일에 열심일 때 푸른 생명의 싹이 돋으며 아름다운 꽃을 피워 열매를 맺어 또다른 건강한 생명을 잉태한다는 것을 깨닫게 한다.

미련 없이 선뜻 버리고 비우는 것은 그 육체를 벗어나는 일이 아니고 그 마음의 구속을 벗어던지는 일이다. 좌절의 순간을, 슬픔의 순간을 음미하고 기쁨과 환희의 순간을 음미한다면 그 무엇도 우리를 옭아매는 사슬이 되지는 못할 것이다. 그럼에도 산다는 것은 얽매임의 출발이고 얽매임을 풀어줄 지혜의 문에 다다르기 위한 여행이다. 죽음은 한 번 밖에 주어지지 않는 이 아름다운 지혜의 문으로 가는 도정을 포기하는 것이다. 죽음은 향락주의자의 사치요, 한건주의다. 극단의 선택은 이기의 극치가 아닌가! 죽고 싶어도, 인생의 무거운 짐을 지고 가는 그 삶의 가치와 책임으로 발버둥치며 살아가는 사람이 얼마나 많은가!

고통 없이 얻는 것은 없다. 인명은 재천, 음미되지 않는 삶은 살아갈 가치가 없다. 명분 없이 괴로움에 못 견뎌 스스로 목숨을 끊어버린 죽음은 죽음의 가치도 없다. 외부적 삶의 조건을 원망하기 전에 내부적 혁명을 일으켜야 한다. 스스로 자기 삶의 주인임을 깨닫고 자긍심을 세운다면 존재의 거점을 치고 부활하지 않겠는가.

-「자살」 중에서

작가는 오늘날 만연한 '자살'에 대해 우려하며 관심을 갖는다. 우리나라는 세계에서 자살률이 가장 높은 나라 중의 하나이다. 먹고 살만한 세상인데도 불구하고 자살하는 사람이 많은 것을 작가는 안타까워한다. 가난이나 질병 때문에 자살하기도 하지만 소외되고 존재감을 느끼지 못해 스스로의 목숨을 포기하는 일은 죄악이 아닐 수 없다. 고통을 이기지 못해 자신만의 안식을 찾고자 하는 행위에 대해 작가는 고통조차 생명발양의 과정으로 인식하고 있다. 고통스러움을 극복했을 때 더욱 생명이 아름답고 삶이 가치있거늘 명분없이 괴로움에 못견뎌 스스로 목숨을 놓아버리는 일은 아무런 가치가 없음을 작가는 독자들에게 말한다. 작가는 "외부적인 삶의 조건을 원망하기 전에 내부적 혁명을 일으켜야 한다." 그래서 "스스로 자기 삶의 주인임을 깨닫고 자긍심을 세운다면 존재의 거점을 치고 부활"할 수 있다고 주장한다. 그렇기 때문에 작가는 의미없는 죽음을 "향락주의자의 사치요, 한건주의"라고 말할 수 있는 것이다. 이 글을 통해 작가는 '생명'의 조건이 되는 몸을 죽이는 일은 생물학적인 죽음이지만, 그것만을 말하지 않는다. 육신을 스스로 죽이는 일은 영혼을 죽이는 일이라고 말하는 것이다. 그렇다면 영원한 영혼을 남길 수는 없는 것일까?

> 한 사람의 생의 흔적이 저 몇 평의 산소로만 남아 있다는 것은 아이러니컬하다. 누구나 결국은 한 평 남짓한 땅을 차지하고 누우면 그만이다. 그렇다 해도 그 작은 터에 누워서까지 뒤에 남은 사람들에게 힘을 주는 이가 있다. 그 한 평의 작은 터가 명당이어서 그럴까. 나는 그렇게 생각하지 않는다. 남아 있는 사람들의 기억의 작용일 것이다. 할머니가 끔찍이도 나를 아끼셨으니 나는 함부로 살아선 안된다고 스스로를 다잡아왔다. 결국 할머니는 사랑으로 나의 존엄을 일깨워주시고 가신 것이다. 할머니의 산소보다도 내 가슴에 남아 있는 그 사랑이 할머니의 선명한 흔적이다.
>
> 생명은 서로의 존재를 일깨우며 면면히 이어지고 영속성을 갖는다. 혼자 태어나 혼자 살다가 혼자 죽어가는 사람은 아무도 없다. 화려한 무덤보다는 누군가의 가슴 속에 사랑을, 내 생의 흔적으로 남기고 싶다.
>
> -「할머니의 산소에 서서」 중에서

위의 글은 인간 김호남의 삶의 지향이 압축된 글이라고 해도 과언이 아닐 것이다. 궁극적으로 "왜 사는가?"라는 질문에 대한 작가의 대답이기도 하다. 죽어서도 사는 방법을 그는 이렇게 터득하고 있는 것이다. "화려한 무덤보다는 누군가의 가슴 속에 사랑을, 내 생의 흔적으로 남기고 싶다."는 소망은 진정 모든 사람들이 바라는 일이기도 할 것이다. 그러나 생전에 이것을 깨닫는 사람이 얼마나 될까?

작가는 어린시절 할머니 댁에서 태어나 할머니의 사랑을 받으며 자랐다. 그래서 할머니의 산소에 가면 어린 날처럼 할머니가 "내 새끼 왔냐"며 버선발로 뛰어나와 반길 것만 같다. 그렇기 때문에 작가는 유년처럼 할머니의 젖가슴을 더듬거리고 싶은 것이다. 그러나 할머니는 지금 무안군 삼향면 용포리 문애미재에 잠들어 계신다. 작가는 할머니의 무덤 앞에 서서 사색에 잠긴다. 그러면서 죽었어도 여전히 이 세상에 살아있는 사람에게 말을 걸며 살아있는 옛 사람을 떠올린다. 할머니의 모습이다. 작가는 할머니를 통해 옛 기억을 떠올리는데 할머니는 사랑으로 '김호남'이라는 사람을 사랑으로 존엄을 일깨워주신 분이다. 그렇기 때문에 할머니가 가신지 오래 되었지만 여전히 자신의 가슴 속에 살아계시는 것이다.

이 작품에서 작가는 독자들에게 "어떻게 살 것인가?"를 묻고 있다. 아니 어떻게 살 것인가를 가르쳐 주고 있다. 모두가 죽으면 한 평 남짓한 작은 무덤이 되지만, 그러나 죽었어도 누군가의 가슴 속에 살아있는 존재가 되길 바라는 것이다. 다시 말해 육신은 사라졌어도 영혼이 영원히 살아있는 생명이 되기 위해서는 누군가의 가슴속에 살아있게 하는 삶, 즉 인간다운 생명을 간직하는 일임을 작가는 우리들에게 들려주는 것이다.

5.

지금껏 거칠게 살펴본 수필가 김호남의 작품세계가 작가의 의식 속에 가장 크게 자리하고 있는 가족에 대한 사랑과 올바른 인간의 가치를 구현하며 살아야 한다는 것에 있음을 확인하였다. 다시 말해, 수필가 김호남의 내면에 있는 프리즘에는 여러 가지 사물의 모습이 비춰지지만 결국엔 '생명성'이 가장 선명한 빛으로 빛나고 있다. 그 중 그가 가장 큰 관심을 가지고 있는 것은 단연 '가족'이다. 물론 가족은 그가 가장 많이 부대끼는 존재들이기에 수필가로서 관심이 많을 수밖에 없지만, 그럼에도 불구하고 그의 가족에 대한 사랑은 그가 이 세상을 살아가는 존재의 이유가 되고 있다. 이 가족에 대한 사랑은 생명의 아름다움을 구현하는 첫 번째 대상이 되고 있는데, 그의 생명성 구현은 여기에만 머무르는 것이 아니라 그가 활동하고 있는 영역, 즉 일상이든, 사업이든 모든 행동의 근간에는 인간에 대한 사랑으로 귀결된다. 더불어 자연에 대한 사랑 또한 이와 함께 한다. 이러한 그의 의지를 다른 말로 '생명성' 탐구의 정신이라고 말할 수 있다.

김호남 에세이집
바다를 품다

2011년 10월 1일 인쇄
2011년 10월 10일 발행

지은이 | 김 호 남
펴낸이 | 강 경 호
인쇄 · 기획 | (주)시와사람
등 록 | 1994년 6월 10일 제 05-01-0155호
주 소 | 광주시 동구 금동 8-1번지
전 화 | (062)224-5319
팩 스 | (062)225-5319
E-mail | jcapoet@hanmail.net

ISBN 978-89-5665-332-7 03810

값 10,000원

공급처 ■ 한국출판협동조합
경기도 파주시 탄현면 오금리 202번지
주문전화 (02)716-5616, 070-7119-1740